한국의 종합의견지
다리지 연구

범우출판문화재단 연구총서 ❶

한국의 종합의견지
다리지 연구

김정숙 지음

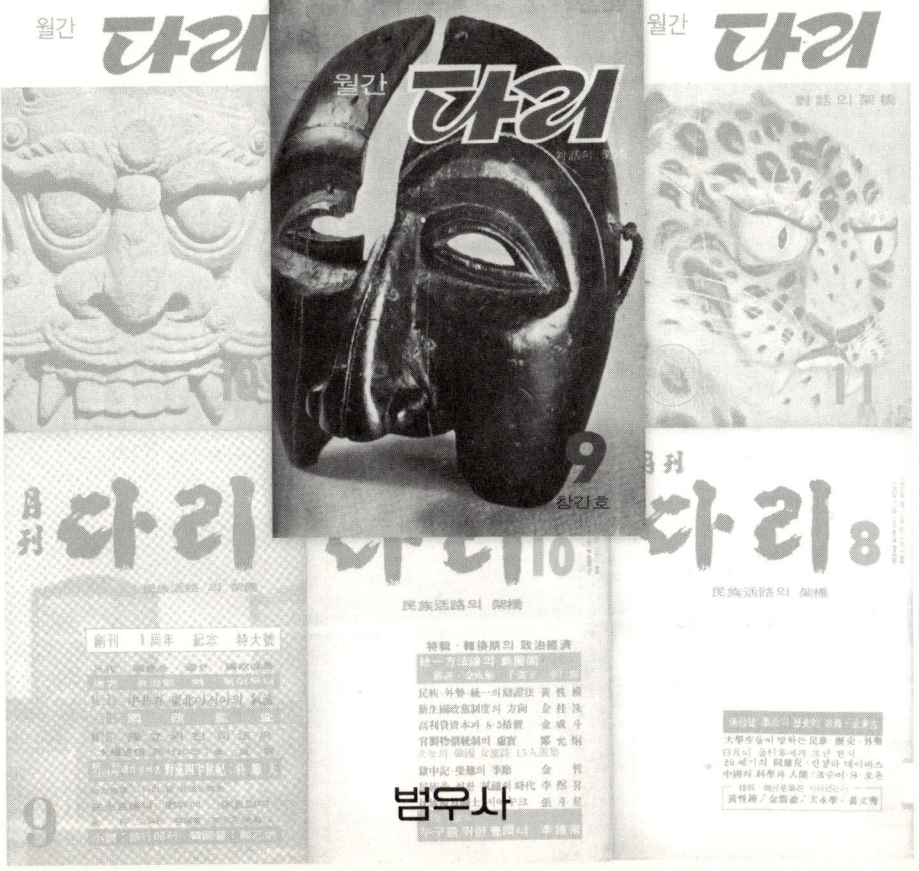

범우사

머리글

　졸고를 완성하는 데 거의 2년이 걸렸다. 이 시간 속에서 부끄러운 것은, 필자의 진득하지 못한 점이다.
　필자의 평소 일하는 유형이란 단숨에 짧게 한 호흡으로 집중하여 끌고 나가는 편이다. 이런 기질에 늘상 의존하던 터라 여유롭지 못한 것이 단점이다. 필자에게 해를 넘긴다는 것은 이런 여유를 찾았다기보다는 이러저러한 다른 급한 일에 매진하다가 다시금 일상처럼 돌아와 《다리》지를 찾는 일과 다르지 않았다. 진득하게 《다리》지 연구에만 매진했더라면 다른 결과가 나오지 않았을까 반성해본다…….
　어쨌거나 내 책상머리엔 《다리》지 영인본 10권이 권마다 쪽별로 스티커를 덕지덕지 붙인 채 제 자리인 양 놓여 있은 지 1년이 훨씬 넘었다. 다시금 부끄러움이 엄습한다. 2년 가까이 지근거리에 놓여 있던 이 귀중한 민족문화 유산을 좀 더 깊이 있게 분석해내지 못했다는 부끄러움이다.

　《다리》지는 읽으면 읽을수록 무한한 깊이가 있다.

현대의 지식인이나 정치인이《다리》지를 재독한다면 여기에서 새로운 사고체계나 아이디어를 얻어낼 수 있을 만큼 당시의 필자들이 누적해놓은 신념과 용기 그리고 지혜가 엄청나게 담겨 있다.

월간《다리》지는 당대를 풍미하던 지식인 및 오피니언 리더들의 의견이 집결된 공론장Öffentlichkeit의 역할을 수행함으로써 당시의 억압구조를 극복한 의견지意見誌였던 것이다.

언론의 생태계는 방송 미디어를 신문 미디어가 감시하고 신문 미디어를 잡지 미디어가 감시하며 잡지 미디어를 출판 미디어가 감시하는 사슬구조를 이루어야 가장 건강한 언론생태 시스템을 이룰 수 있다. 오늘날에 투시해보면, 도저히 적용을 할 수 없으리만치, 이러한 사슬구조가 그때와 매우 다른 현실이다.

월간《다리》지는 당시의 서슬 퍼런 군부정권 아래에서도 이러한 잡지 미디어의 기능을 충실히 수행한 매체였다.

오늘날 대표적 보수매체로 조·중·동을 지목하는 데 이견이 없다. 그런데 재미있는 것은 당시 조·중·동의 대표적인 논설위원들이 신문에 실을 수 없던 논조, 진보적 성향의 글을《다리》지에 유감없이 게재했다는 것이다. 이것이야말로 신문을 감시하는 잡지의 기능을 수행한 《다리》지의 자세이자 당시의 미디어 구도였음을 읽을 수 있다.

많은 이들이《다리》지를 언론탄압을 받은 필화사건의 상징성으로 기억한다. 그런 이유에서인지는 알 수 없으나, 유감스럽게도 가장 일반적인 잡지사雜誌史 관련 연구나 저서에 월간《다리》지가 빠져 있기 일쑤였다. 군사정권이 학문에 영향을 미친 과도한 후유증이라면 하루속히 극복해야 할 일이다.

《다리》지 필화사건은 당시로서는 유례없이 정치적 탄압으로부터 '무죄'를 선고받은 역사를 기록하고 있다. 이와 관련하여 사법파동에 연계되었으므로 '사법권 독립'에 직접적인 영향을 끼친 잡지였다.《다리》지 필화사건의 한승헌 변호사님과 목요상 판사님의 신념 어린 변호와 판결은 이렇듯 한국 현대사를 보다 정의로운 쪽으로 이끌어간 위대한 행동이었다.

《다리》지는 허가단계부터 난항이었다. 지속적인 인쇄탄압을 받았고 필화를 겪는 와중에도 발행을 지속했으며 나중에는 광고탄압을 받기에 이르렀다. 끊임없는 억압 속에서도 발행의지를 다졌고 탄압을 받으면 받을수록 더욱더 독자의 알권리를 충족시키는 내용으로 이끌어간 소신 있는 잡지였다.

월간 《다리》지의 발행진, 편집진과 필진 역시 역사의 수레바퀴를 보다 가치 있도록 이끌어간 실천적 지식인이 아닐 수 없다. 그들이 억압을 무릅쓰고 소신 있는 의견으로 축적하고 예견했던 미래가 바로 오늘이었음을 《다리》지 연구를 통해 새록새록 확인할 수 있었다.

2016년 2월 12일. 드디어 한국 현대사를 가치 있는 방향으로 이끌어간 위대한 인물들을 만나 뵐 수 있는 기회를 얻었다.

한승헌 변호사님과 목요상 판사님 그리고 《다리》지를 만든 김상현 의원님이 배석하셨고 발행·편집인이었던 윤형두 범우사회장님과 기획인이었던 임헌영 문학평론가님 그리고 기자였던 윤길한 상무이사님께서 계신 자리에 참석한다는 자체가 개인적으로 매우 영광스러웠다.

이 자리에서 조심스럽게 몇 가지 질문을 드렸고, 답변을 통해서 궁금했던 몇 가지가 해소되었다. 당시 신문의 그런 대로 소신이 있었던 분위기에 대해 어느 정도 납득이 되었다. 그리고 가장 궁금했던《다리》지 필화사건 무죄판결과 직결된 제1차 및 제2차 사법파동에 대한 사법계의 '사법권 독립'에 대한 정황 등을 파악할 수 있었다.

한국인이 겪은 질곡의 현대사에 월간《다리》지가 있었음은 참으로 다행스러운 일이다. 억압과 탄압에도 굴하지 않고 언론의 자유를 실천했으며 당시 한국인의 지성을 그대로 대변했기 때문이다. 월간《다리》지는 한국인의 민족문화 유산으로 자리매김을 해야 하며 그 정신과 가치는 길이 보전되어야 한다.

2016년 11월

김정숙

차례

머리글 · 5
프롤로그 · 13

제1부 한국의 의견지 · 17

1. '커뮤니케이션 엔도가미' 속에서 성장해온 한국의 의견지 · 19
2. 한국 의견지의 잡지사적 고찰 및 역사적 위상 · 23
   계몽 잡지기 | 독립운동 잡지기 | 해방공간 잡지기 | 자유당 정권 잡지기 | 군사정권 잡지기 | 유신정권 잡지기
3. 실천적 지식인의 언로 · 39
   지식인이란? | 지식인의 미디어 실천
4. 한국 공론장의 갈등구조 형성과 의견지의 '필화'사건 · 42
   억압과 분출의 변증법 | 1970년 전후 한국 공론장의 지형 | 군사정권의 '필화' 사건

제II부 월간 《다리》지의 창간 배경 · 51

1. 월간 《다리》지의 창간과 컨텍스트: 잡지사적 좌표와 역사적 위상 · 53
2. 지식인 중심 시민사회의 의견지에 대한 요구 · 54
3. 월간 《다리》지의 창간과 창간이념 · 56
4. 월간 《다리》지의 창간과 참여자들 · 61

제Ⅲ부 **월간《다리》지의 내용** · 63

1. **월간《다리》지의 잡지이념 형성** · 65
   고문 김상현과 편집인 겸 주간 윤형두의 잡지이념 | 잡지이념 형성에 있어 공론장의 역할과 지식인

2. **월간《다리》지의 내용** · 75
   권두언 | 절대권력에 대한 비판 | 민주주의와 민주시민 정신의 고양 | 경제개발 정책과 노동문제 | 다원적 의견의 만남: 소통의 역할 | 민주 언론 사수

3. **월간《다리》지의 구성적 특성** · 131
   표지 디자인 | 지면 구성 | 편집위원 및 인적 구성 | 삽화 | 광고 | 인쇄

제Ⅳ부 **월간《다리》지 '필화' 사건과 그 의미** · 145

1. **월간《다리》지 필화사건의 배경** · 148
2. **월간《다리》지 필화사건과 사법권 독립** · 151
3. **월간《다리》지 필화사건과 언론·출판의 자유** · 160
4. **월간《다리》지 필화사건이 갖는 역사사회적 의미** · 163

에필로그 · 167
참고 문헌 · 171
부록 (1) · 174
월간《다리》지의 편집방향에 따른 내용별 구분
부록 (2) · 188
사회참여를 통한 학생운동 …… 임중빈
월간《다리》지 필화사건의 변론서 …… 한승헌
월간《다리》지 필화사건의 판결문 …… 목요상

▷ 표 목차

〈표 1〉 커뮤니케이션 엑소가미와 커뮤니케이션 엔도가미의 특성 대비
〈표 2〉 개화기 계몽잡지기의 잡지들
〈표 3〉 일제강점기 독립운동기의 잡지들
〈표 4〉 미 군정기 해방공간의 잡지들
〈표 5〉 건국기 자유당 정권의 잡지들
〈표 6〉 군사정권의 잡지들
〈표 7〉 유신정권의 잡지들
〈표 8〉 월간 《다리》지 창간호의 구성내용과 필진
〈표 9〉 월간 《다리》지 필진
〈표 10〉 월간 《다리》지 표지 디자인의 변천
〈표 11〉 '절대권력 비판' 관련 게재 글
〈표 12〉 '민주주의와 민주시민 정신의 고양' 관련 게재 글
〈표 13〉 '경제개발 정책과 노동문제' 관련 게재 글
〈표 14〉 '다원적 의견 및 소통의 장, 문화공간' 관련 게재 글
〈표 15〉 '민주언론 사수' 관련 게재 글
〈표 16〉 월간 《다리》지 표지 디자인의 변천
〈표 17〉 《다리》지 기획·편집에 관여한 편집위원 및 인적 구성
〈표 18〉 월간 《다리》지의 전체 지면과 광고 지면

▷ 그림 및 사진 목차

〈그림 1〉 한국 커뮤니케이션 상황의 변천―커뮤니케이션 엑소가미와 엔도가미의 매트릭스
〈그림 2〉 한국 의견지 역사의 시대구분―근대잡지의 태동에서부터 6월항쟁 이전까지
〈그림 3〉 1950년대 한국 이데올로기 지형
〈그림 4〉 1960년대 한국 이데올로기 지형
〈그림 5〉 1960년대 의견지의 유형
〈사진 1〉 일간지에 실린 《다리》지 창간광고
〈그림 6〉 월간 《다리》지의 지면변화 추이

프롤로그
의견지로서의 월간《다리》지의 가치를 찾아서

잡지가 한 사회의 거울이라는 데에는 이견이 있을 수 없다. 현재 국내 잡지시장이 침체되어 열악한 환경이라고는 하나, 한국의 근·현대사를 돌이켜볼 때 잡지만큼 사회상을 반영하고 의견지로서의 기능을 충실히 수행해온 매체도 없었다. 한국 사회에서 잡지 미디어의 사회적 기능은 역사적으로 괄목할 만한 족적을 남기고 있었던 것이다.

역사의 수레바퀴를 힘차게 돌리던 견인차 역할을 해온 잡지는 바로 민중의 공론을 수록한 의견지意見誌였다. 이들 의견지는 여론을 수집하여 집약하기도 하고 숱한 여론을 거르고 정리하는 게이트키핑의 역할을 수행했으며 전문가의 도움을 받아 미래에 대한 전망을 제공하고 여론을 선도하는 역할을 수행해왔다.

의견지들은 시대의 변화와 정권에 따라 황금기를 누리기도 했고 정치적 억압을 받아오기도 했다. 억압을 받은 의견지 가운데 필화를 겪은 몇몇의 잡지가 있었다. 이 가운데 월간《다리》지는 의견지로서 시대적 사명을 다해온 잡지였다.

여기에서, '의견지'란 보통 '정론지'로 일컬어온 잡지이다. 본고에서 정론지라는 분류체계보다 의견지라는 명칭을 택한 이유는 월간《다리》지가 종합지를 천명하며 탄생했던만큼 복합된 독자의 요구에 부응하려 했기 때문이다. 월간《다리》지는 사회상에 대한 여론을 반영함은 물론 공론화된 정치사회적 이슈뿐 아니라 문화적 테제를 각계의 석학들 및 전문가들의 의견으로 충실히 반영함으로써 잡지 커뮤니케이션을 통해 민주주의적 신념, 민주주의적 공동체의 이상을 생산하는 잡지 미디어였으므로 가장 적합한 용어인 '의견지'로 규정하는 것이 타당해 보인다.

월간《다리》지는 지식인층의 '의견' 제공과 민중의 '의견'에 대한 욕구 사이를 연결하는 '다리'로서의 사회적 기능을 수행하는 잡지였다. 지식인의 '오피니언 리더opinion leader'로서의 장을 마련하고 민중의 언로로서 '의견'을 수합하고 제공하는 공론장으로서의 역할을 명실공히 수행한 잡지였기 때문이다.

그러므로 월간잡지《다리》를 '종합지' '정치잡지'라는 용어보다는 '의견지'라는 용어가 성격상 타당하므로 잡지의 부류를 '의견지' 또는 '종합의견지'로 규정하고자 한다.

월간《다리》지는 정치적으로 혹독한 압제를 받아 정·폐간하였으며 휴간과 복간을 거듭하면서도 투철한 시대적 사명감을 잃지 않고 민주언론의 전위지前衛誌로서 시대의 아픔을 함께하며 지식인의 의견지로서의 역할을 다한 잡지였다.

이렇듯 언론의 통제에도 굴하지 않고 '필화사건'을 겪어가며 발행했던 월간《다리》지는 역사적으로 크게 평가되어 마땅한 잡지이자 우리 민족의 문화유산이요, 문화적 유물인 것이다.

그럼에도 불구하고, 본격적이고 체계적으로《다리》지의 역사적 가치를 발굴하려는 노력이 그리 크지 않은 실정이다. 오히려, 잡지의 역사에 《다리》지를 배제시킨 경우에 해당하고 있다. 김근수(1991)의 《한국잡지 표지에 의거한 한국잡지 연표》에 《다리》지를 사진 및 연표에서 배제시켰으며, (사)한국잡지협회(2012)에서 발행한 《한국잡지협회 60년사》에는 《다리》지 사진을 전혀 다른 것을 사용하여 설명하고 있다. 그밖에도 잡지사를 다루는 학술서적에는 《다리》지를 배제한 채 잡지사를 다루고 있어서 이를 바로잡아 잡지사를 다시 써야 할 필요성이 매우 크다.

한국 의견지의 역사에는 월간 《사상계》가 대표성을 띠고 널리 알려져 있다. 《다리》지 또한 《사상계》 못지않게 사회적 기능을 다해온바 《다리》지의 상징성이 희석화되고 있는 것은 문제이다. 그러므로 월간 《다리》지 분석을 통해 《다리》지의 역사적 가치를 재조명하는 일은 중요하다. 민중의 시대적 유산이 갖는 의미를 더 늦기 전에 제고함으로써 우리의 훌륭한 잡지사에 올곧게 자리매김되어야 하는 것이다.

이에 따라, 본고에서는 1970년 9월 창간되어 1972년 10월호에 이르기까지 발행된 월간 《다리》지를 연구대상으로 하여 월간 《다리》지가 갖는 상징성 및 그 가치를 분석하고자 한다. 월간 《다리》지가 갖는 역사적 위상을 재조명할 뿐 아니라 내용분석을 통해 잡지 발행 당시의 컨텍스트 및 시대적 고민을 부상하는 한편, 잡지의 성격을 특성별로 제고해보고자 하는 것이다. 이로써 월간 《다리》지가 갖는 역사적 가치를 발굴하는 데 집필의 목적을 두고자 한다.

제 I 부
한국의 의견지

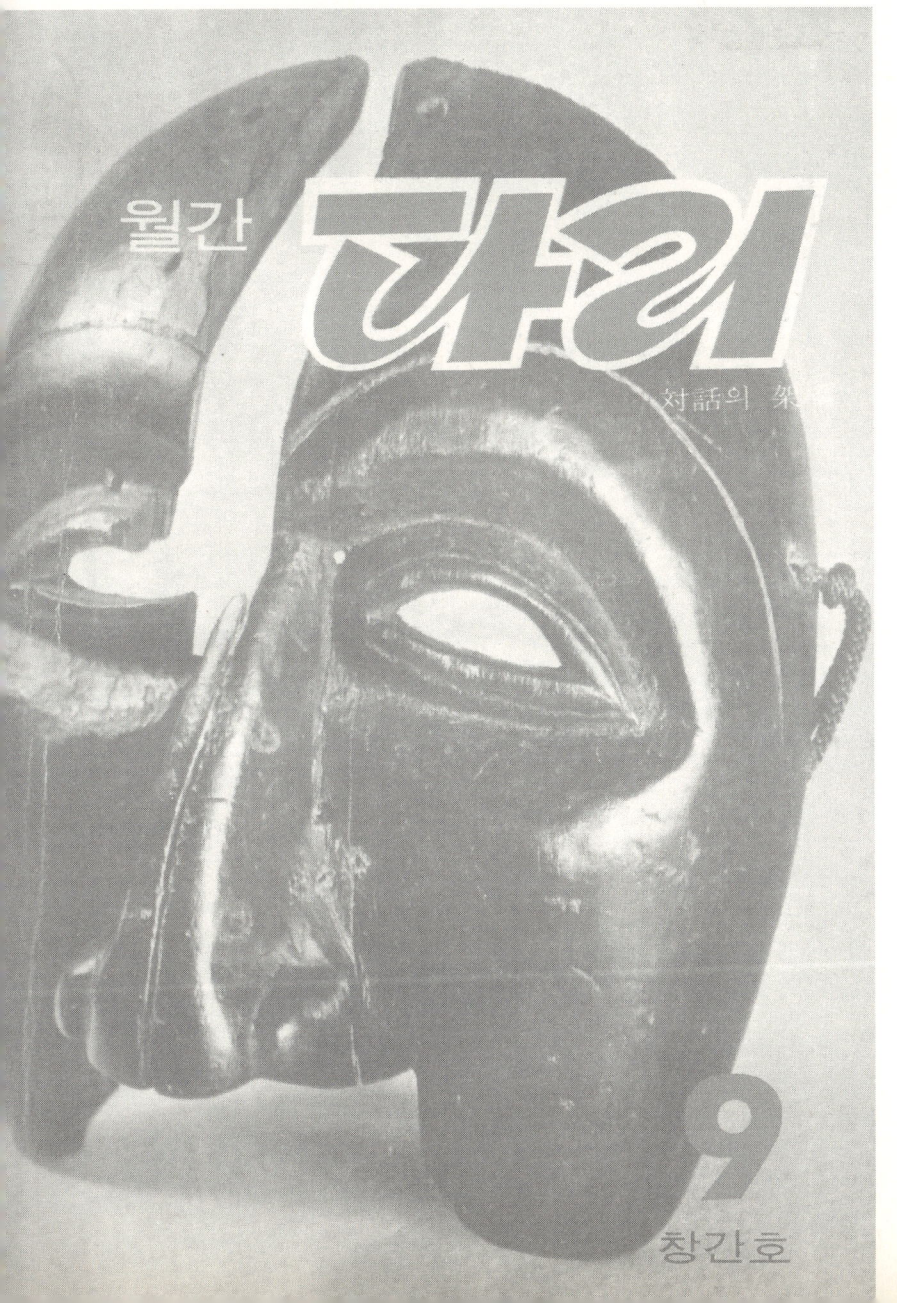

1. '커뮤니케이션 엔도가미' 속에서 성장해온 한국의 의견지

한국에는 수많은 의견지가 있었다.

특히 이들 의견지가 봇물을 이루던 시기가 있었는데, 학자들은 미 군정기의 해방공간과 4·19 직후를 꼽는다. 당시에는 지식인층은 물론 민중들의 '의견'이 트인 언로를 통해 양껏 쏟아져 나왔다. 그만큼 '의견'에 대한 민중의 요구는 기본적으로 컸다.

이러한 단면만을 보아도 우리는 늘 '의견'에 대한 욕구가 충만해 있는 민족임을 알 수 있다. 그러나 불행하게도 이러한 '의견의 욕구'가 억눌려온 질곡의 역사를 겪어내야 했고, 언론을 억압하는 시대에는 그만큼 의견이 내재되었으며 잠재해 있었다.

박승관(2013)은 커뮤니케이션을 두 유형으로 구분하였다. 일정한 사고의 영역 내에서 발생하는 경계내 커뮤니케이션(within boundary communication)과 이 경계를 넘나드는 경계간 커뮤니케이션(cross boundary communication)으로 구분했는데, 경계간 커뮤니케이션의 활성화가 높을수록 그 사회의 민주성과 건강성을 높게 측정할 수 있다고 했다.

이처럼 민주성을 측정할 수 있는 경계간 커뮤니케이션의 활성화가 높은 상태를 '커뮤니케이션 엑소가미Communication exogamy'로 정의하였다. 커뮤니케이션 엑소가미는 공론장 등이 활성화되어 사회의 커뮤니케이션 구조가 자유롭고 민주적이며 건강한 소통, 공평함이 내재돼 있다.

이와 반대로, 경계내 커뮤니케이션의 활성화가 높은 상태를 '커뮤니케이션 엔도가미Communication endogamy'로 정의하였다. 커뮤니케이션 엔도가미가 높을수록 우물 안 개구리처럼 통제되고 비민주적이며 비소통과 함께 분절을 보여주는 지표로 파악한다는 것이다.

커뮤니케이션 엑소가미와 커뮤니케이션 엔도가미는 〈표 1〉과 같이 상반되는 특성을 갖는다.

<표 1> 커뮤니케이션 엑소가미와 커뮤니케이션 엔도가미의 특성 대비

차원	커뮤니케이션 엑소가미	커뮤니케이션 엔도가미
토대	포용성, 상호신뢰, 존경 공통분모, 개방성	배타성, 상호불신, 적대성, 비공통성, 폐쇄성
양식	양방적 소통	일방적 독백, 갈등, 통제, 억압
지향	연대, 공동체, 우리 관계 공유, 화해, 동의, 합의	고립, 개인(파당)주의, 그들 관계 독점, 대립, 불화, 분열

* 출처: 박승관 (2013). 한국사회와 커뮤니케이션 엔도가미, 한국 민주주의와 언론자유 그리고 그 위기, 서울: 인간사랑. 42쪽.

커뮤니케이션 엑소가미와 커뮤니케이션 엔도가미의 특성은 시대에 따라 정치권의 성향에 따라 다른 양상을 보여왔다. 한국 커뮤니케이션의 변천되어온 상황을 엑소가미와 엔도가미의 특성으로 파악해보면, 〈그림 1〉과 같다.

〈그림 1〉에서 민주적 엑소가미는 가장 이상적인 언론구도이다. 그런

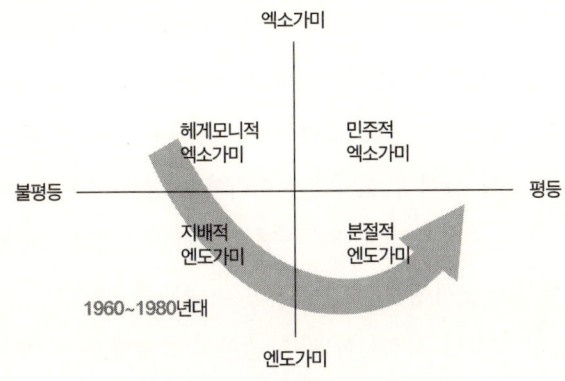

〈그림 1〉 한국 커뮤니케이션 상황의 변천—커뮤니케이션 엑소가미와 엔도가미의 매트릭스

데 한국 사회에서 균형과 형평성이 보장된 언론구도가 과연 구현이 되어 있는지를 검토해보면, 〈그림 1〉의 화살표와 같이 본고에서 주목하는 1960~1980년대에는 엔도가미의 상황이었다. 돌이켜보건대, 〈그림 1〉의 화살표 방향과 다르게 1980~1986년까지 다시 언론의 암흑기를 겪음으로써 엔도가미는 최악으로 치닫기도 했다.

1960~1980년대는 지배적 엔도가미의 매트릭스에 처해 있었다. 커뮤니케이션 엔도가미와 커뮤니케이션 불평등이 동시에 만나는 상황, 즉 커뮤니케이션 구조가 폐쇄적이면서 일방향성이고 독점의 형태를 띠었던 것이 당시의 언론구도였다.

이러한 지배적 엔도가미의 구도에서는 권력자의 지배의지가 충만돼 있으며 사회는 전반적으로 배타성과 상호불신에 바탕을 두고 첨예한 갈등과 대립이 일어나는 상황이 발생하게 마련이다.

이와 같은 지배적 엔도가미의 상황은 그리 어렵지 않게 우리나라의 경우에 대입해볼 수 있다.

예컨대, 일제강점기에는 한국어로 된 출판물이 통제되었던 때였던만큼 지하출판이 국내·외에서 공공연히 이루어졌다. 이 출판물은 주로 국어나 한국사를 내용으로 한 책이었다. 이 책을 수레에 싣고 종로에 등장하면 순식간에 날개 돋친 듯 팔려나가곤 했다고 한다. 통제를 받을 새도 없이 눈깜짝할 사이에 일어났던 이러한 현상은 지배적 엔도가미의 상황에서 드러나는 독자의 요구가 어떤 것인지를 반증하고도 남음이 있었다. 마찬가지로, 군사정권 치하에서 언론·출판에 대한 통제 및 언론암흑기를 과도하는 동안 사회과학 서적 출판이 활발했고 '의견'의 욕구 및 의견지에 대한 독자의 요구가 컸던 것이 사실이다.

한국의 의견지는 〈그림 1〉의 매트릭스 중 헤게모니적 엑소가미의 유형에서 출발하였다. 근대 잡지가 태동한 개화기에는 의견지가 언로의 중심에 있었던만큼 사회 지식인층은 의견지를 통해 사회의 계몽 및 민족의 자주독립 정신을 부르짖었다. 미 군정기에는 해방공간 속에서 이데올로기를 부르짖기 위한 의견지의 범람을 이루었는데, 이들 의견지들의 특성은 〈그림 1〉에서와 같이 헤게모니적 엑소가미의 유형에 속했다.

월간《다리》지가 등장했던 1970년은 한국 의견지가 지배적 엔도가미의 매트릭스에 처해 있었다. 독자의 요구가 컸음을 짐작하게 한다. 그러나 의견을 억압하고 통제를 가하기 위해 언론에 대한 탄압이 커지면 커질수록 〈그림 1〉에서와 같이 분절적 엑소가미를 향해 치달았던 시기였던 것이다.

2. 한국 의견지의 잡지사적 고찰 및 역사적 위상

한국 잡지 가운데 의견지의 역사는 질곡의 현대사 만큼이나 다양한 수난을 거쳐왔다. 의견지의 역사야말로 한국 정치사의 거울이라 해도 과언이 아닐 만큼 시대의 고난을 함께 웅변하기 위해 창·폐간을 거듭해 왔다.

이처럼 한국의 의견지는 그 성격 및 유형이 정치적 배경과 밀접하게 관련돼 있었음은 물론이다. 그러므로 본고에서는 한국 의견지의 역사를 시대구분하는 데 있어서 정치사적 관점을 개입하고자 한다. 잡지의 역사를 시대구분하는 데에는 잡지의 성격이 정치사적 배경에 따라 의견의 방향이 긴밀하게 달라져왔기 때문이며 잡지연구가 '잡지가 담고 있는 과거의 의식에 대한 연구'임이 드러나기 때문이다.

본고에서는 특히, 6월항쟁을 기점으로 삼고자 한다. 6월항쟁이 갖는 여러 의의 중 직전까지 겪고 있던 언론의 암흑기를 벗어난 의미가 언론·출판의 역사에서는 가장 크기 때문이다.

<그림 2> 한국 의견지 역사의 시대구분—근대잡지의 태동에서부터 6월항쟁 이전까지

근대잡지의 태동

개화기 **계몽 잡지기**(1896~1910)
일제강점기 **독립운동 잡지기**(1910~1945)
미 군정기 **해방공간 잡지기**(1945~1948)
건국기 **자유당정권 잡지기**(1948~1960)
군사정권 잡지기(1961~1971)
유신정권 잡지기(1972~1979)
군부독재기 **잡지의 암흑기**(1980~1987)

6월항쟁(1987. 6.)

의견지는 초기 근대잡지가 수행해온 계몽의 역할에서부터 6월항쟁에 이르기까지 여러 성격의 단계를 거쳐왔다. 이를 시대구분해보면 〈그림 2〉와 같이 나뉠 수 있다.

계몽 잡지기

한국 최초의 잡지는 일본 내 한국 대학생들이 1896년 창간한 《친목회회보親睦會會報》(1896~1898)와 한국 내에서 발행한 《대죠선독립협회회보大朝鮮獨立協會會報》(1896~1897)가 있다. 회보라는 점 때문에 우리나라 최초의 잡지로 인정받지 못하고, 출판인 최남선이 1908년 11월 1일 창간한 《소년少年》(1908~1911)을 효시로 들고 있다.(우리나라 최초의 잡지 《少年》 창간일을 기념하여 잡지의 날을 11월 1일로 정하여 기리고 있다.)

개화기였던 당시의 지식인들은 계몽운동을 통해 서구의 문물을 소개하고 애국의식을 고취하고자 잡지를 통해 의견을 고취하였다. 위의 세 잡지 모두 계몽운동을 표방한 의견지였다.

1896년에 창립된 독립협회는 서구의 민권사상을 흡수한 계몽적 지식인을 집단화시켰다.

당시의 계몽적 지식인이란 크게 두 부류로 나뉘었다. 김홍집, 김윤식 등을 위시한 온건개화파의 경우, 유교사상을 기반으로 서구의 과학기술을 도입하는 동도서기東道西器에 입론하는 입장이었다. 다른 부류인 급진개화파의 경우는 서양의 과학기술뿐 아니라 사상·제도까지도 적극적으로 도입하는 입장이어서 일본의 메이지 유신을 근대화 모델로 상정하고 있었다. 그밖에도, 동학에 참여한 민중적 지식인이 있었는데, 이들은 반제 반봉건 변혁에 기치를 올리고 있었다.

이들 지식인층은 당시 발행된 《독닙신문》(1896~1899)과 《대죠선독립협회회보》를 통해 계몽운동을 활성화했다. 한편, 독립협회에서 갈라져 나온 헌정연구회, 대한자강회, 대한협회, 천도교계 등은 뚜렷한 권력지향을 드러내면서 정당의 성격을 띠었다. 이들은 신문 발행 및 기자 출신이 많아서 다양한 잡지를 발간하였고, 정치지라 일컬을 수 있는 성격의 잡지에 자신들의 의견을 담았다.

그러나 1910년 한일강제합방에 따라 모든 정치단체와 학회가 해산되어 의견지였던 이들의 기관지가 폐간되었다. 다만, 천도교는 종교단체로서 명맥을 유지하여 《개벽開闢》(1920~1949) 발행을 지속할 수 있었다.

〈표 2〉 개화기 계몽잡지기의 잡지들

잡지명	발행형태 / 발행처	창간 ~ 폐간	잡지의 성격
친목회 회보 (親睦會會報)	/ 재동경 한국 유학생 모임	1896. 2. 15 창간	한국 최초의 잡지
대죠선독립협회회보 (大朝鮮獨立協會會報)	/ 독립협회	1986. 11. 30 창간	국내에서 발간한 최초의 잡지
가뎡잡지	/ 유일선	1906. 6. 25 창간	최초의 가정 잡지. 우리나라 여성 잡지의 효시임.
대한자강회월보 (大韓自彊會月報)	월간 / 대한자강회	1906. 7. 31 창간	정치단체였던 자강회 기관지
소년한반도 (少年韓半島)	월간/ 소년한반도사	1906. 11. 1 창간	소년이란 이름이 최초로 붙었으나 문제나 내용은 어른을 대상으로한 종합지 형태의 잡지.
서우(西友)	월간/서우학회관	1906. 12. 1 창간	국내 최초의 학회 간행 월보
대한협회회보 (大韓協會會報)	/ 대한협회	1908. 4. 25 창간	대한자강회 후신 기관지
소년(少年)	최창선, 최남선	1908. 11. 1 창간	한국 최초의 근대적 형태의 잡지
녀ᄌ지남	월간/여자보학원	1908. 5. 25 창간	여성지. 여자교육, 남녀평등, 여성자유문제 등 다룸.
공업계(工業界)	월간/공업일보사	1909. 1. 28 창간	최초의 공업계 잡지
법학협회잡지 (法學協會雜誌)	/ 법학협회	1908. 11. 25 창간	정치·경제 전문지

독립운동 잡지기

1910~1945년까지 일제강점기에는 식민지 정책에 따라 잡지에 대한 규제가 단계적으로 심해졌던 시기였다. 이 시기에 조선인이 잡지를 발행하려면 '신문지법'이나 '출판법'에 따라야 했다. 신문지법은 사전검열 없이 정치·시사문제 등을 다룰 수 있었지만 1920년까지 조선인에게는 적용하지 않았다(정진석, 1989). 조선인에게는 사전 및 사후 검열을 받는 출판법에 따라 늘 규제가 따랐다. 폐간을 시키는 일이 비일비재했으므로 원천적으로 의견지의 언로를 차단하였던 것이다.

당시에는 정치적 의견을 배제한 계몽잡지와 종교잡지만이 속간이 가능했다. 그래서 최남선의 청소년 잡지 《붉은 져고리》(1912~1913), 《아이들 보이》(1913~1914), 《새별》(1913~1915)과 청년들을 위한 문예잡지 《청춘》(1914~1918)이 있었고, 《창조創造》(1918~1921)와 같은 문예잡지가 발행되었다(김정숙, 1991). 그러나 조금이라도 정치적 색채를 띨 양이면 일제는 곧바로 폐간을 시켰다. 이처럼 강제폐간이 속출했으므로, 이들 잡지에 의견을 통한 지식인의 사회적 실천은 찾아보기 어려운 때였다.

잡지에 정치·시사를 다루지 못하는 암흑기였지만, 내면적으로는 민족의 당면과제인 민족해방 운동을 중심으로 결집된 방향을 잠재하고 있었다. 집회·결사·언론·출판의 자유가 제약되었지만 해외 독립운동 조직으로부터 밀반입한 잡지가 있었다. 당시 지식인 층이 주로 건너간 중국 상해와 미국 하와이 이민을 중심으로 해외에서는 국내사정과 달리 자유롭게 한글로 된 책이나 간행물을 출판하고 잡지 등을 발행함으로써 의견을 피력하고 있었기 때문이다(김정숙, 2002). 국내에서는 1919년 3·1운동에 등장한 전단 및 신문에 지식인의 미디어 실천이 드러나기도 했다.

1919년 3·1운동 후, 1920년부터 일제는 문화통치를 시작함에 따라 규제에 대한 유연한 전술을 펴기 시작하였다. 이때 정치·경제·사회를 아우르는 성격의 '종합잡지'가 생겨나기 시작하였다. 민족개량주의를 표방하는 《동명東明》(1922~1923)과 《삼천리三千里》(1929~1941) 그리고 사회주의 경향의 잡지 《신생활新生活》(1922~1923), 《비판批判》(1931~1940), 《조선지광朝鮮之光》(1922~1930), 《신계단新階段》(1932~1933) 들이 대립적으로 나타나 지식인들의 의견을 실었다.

　민족개량주의는 1922년 이광수가 《개벽》지에 '민족개조론'이란 글을 게재하면서 파급되기 시작하였다. 서구의 가치와 제도를 강조했던 것이다. 그러자 사회주의적 지식인들이 이를 비판하는 글을 《개벽》지와 《신생활》지에 실음으로써 뜨거운 논쟁이 벌어졌다. 당시 일본에서도 사회주의 잡지가 등장하여 사상적 논쟁이 강세를 띠었으므로 유사한 배경이었다.

　1930년대에는 대부분의 의견지가 폐간당함에 따라 지식인이 담론을 펼칠 의견의 공간이 상실되기에 이르렀다. 민족신문이었던 《동아일보》《조선일보》 등의 민족적 논조가 약화되어가면서 《조광朝光》(1935~1944, 1946~1948), 《신동아新東亞》(1931~1936, 1964~)와 같이 신문사 발행 잡지가 나타났다. 신문사 잡지 시대는 언론의 자본화 및 기업화의 과정이었다. 《조광》지는 일제의 강요에 의해 '황국신도皇國臣道 정진에 노력하라', '대동아 전쟁의 성전의의' 등의 노골적인 친일경향의 글을 실었던 반면, 《신동아》지는 국내외 정세를 해설·비판하여 일제와 간접적인 투쟁을 벌였다. 500여 명의 집필진을 동원하여 정치·경제·사회·학술·문예·과학·운동·연예 등에 이르기까지 다양한 분야를 망라했고, 특히 당시로서는 상당히 많은 지면을 다양하게 꾸몄다는 점이 특징이었다.

　1936년 이후부터 일제의 조선문화 말살 및 황민화 정책에 의해 진정

〈표 3〉 일제강점기 독립운동기의 잡지들

잡지명	발행형태 / 발행처	창간 ~ 폐간	잡지의 성격
천도교회월보(天道敎會月報)	월간/천도교회월보발행소	1910. 8. 15. 창간	해방 이전의 잡지 중 최고 고령의 잡지(통권 295호)
붉은져고리	격주간 / 최남선	1912. 1. 1. 창간 ~ 1912. 6. 15.(통권12호) 폐간당함	한글 전용 최초의 소년 잡지
새별	격월간 / 최남선	1913. 4. 창간 ~ 1915. 1. 15.(통권16호)	어린이 잡지
아이들 보이	월간 / 최남선	1913. 8. 5. 창간 ~ 1914. 9. 5.(통권13호)	청소년 잡지
학지광(學之光)	격월간/학지광발행소	1914. 4. 20. 창간	일본 동경 유학생들의 학술중심 종합지
청춘(靑春)	월간 또는 격월간 / 최남선	1914. 10. 1. 창간 ~ 1915. 3. 정간. 1917. 5. ~ 1918. 9. 26.(통권15호)	성인 대상 잡지
창조(創造)	/ 김동인, 주요한, 전영택	1919. 2. 1. 창간	최초의 순문예동인지. 3·1 운동 직전 일본 동경에서 창간.
유심(惟心)	월간/유심사	1918. 9. 1. 창간	불교 중심의 수상 잡지
삼광(三光)	계간/삼광사	1919. 2. 10. 창간	음악 미술 문학을 주제로 한 최초의 순예술잡지. 홍난파 깊이 관여.
개벽(開闢)	/ 천도교회	1920. 6. 25. 창간 1935년 10월 폐간 1934. 11. 1. 복간	일제하의 대표적 언론 잡지. 일제에 대한 투쟁과 사회평등 사상 고취. 총 72호를 내는 동안 압수, 정간, 벌금 등의 탄압으로 1935년 10월까지 발행. 1920년대를 대표하는 잡지로 우리 문화와 사상에 끼친 공로가 큼.
학생계(學生界)	월간/한성도서(주)	1920. 7. 1. 창간	중학생을 위한 교양중심의 종합지
폐허(廢墟)	반년간/폐허사	1920. 7. 25. 창간	당시의 우울했던 현실을 허무주의적인 문학형식으로 표현한 문예 동인지. 염상섭, 오상순, 황석우, 김억 등이 중심.
장미촌(薔薇村)	/장미촌사	1921. 5. 24. 창간	최초의 현대시 전문지. 황석우, 변영로, 박종화 등이 참여. 통권 1권으로 끝났지만 한국 최초의 시전문지로서 의미가 큼.
백조(白潮)	격월간/문화사	1922. 1. 9. 창간	낭만주의적 색채가 짙은 순문예 동인지.
신소년(新少年)	월간/신소년사	1923. 10. 3. 창간	당시《어린이》잡지와 더불어 손꼽히는 소년 잡지
신여성(新女性)	월간/개벽사	1923. 9. 1. 창간	여성지

잡지명	발행형태 / 발행처	창간 ~ 폐간	잡지의 성격
불교(佛敎)	월간 /	1924. 7. 15. 창간	불교지
조선문단(朝鮮文壇)		1924. 10. 1. 창간	문학사적 의의 있는 작품과 작가를 양산한 막중한 공헌을 한 문학잡지.
조선농민(朝鮮農民)		1925. 12. 13. 창간	농민대중의 인격적 해방과 조선 농촌의 경제현상 구제를 사명으로 한 농민 잡지
동광(東光)	/ 주요한	1926. 5. 20. 창간 1947. 4. 15. 복간	조선인의 민족적 번영을 위하여 창간. 도 산 안창호가 창설한 흥사단이 간접 참여.
별건곤(別乾坤)	/ 개벽사	1926. 11. 1. 창간	취미 오락지
문예시대(文藝時代)		1926. 11. 10. 창간	수필에 중심을 둔 문예지
해외문학(海外文學)		1927. 1. 17. 창간	해외문학 중심 문학잡지
한글		1927. 2. 20. 창간	최초의 한글 전문 연구지
장한(長恨)		1928. 1. 10. 창간	기생들이 만들었던, 기생의 애환을 담은 잡지.
근우(槿友)	/ 근우회	1929. 5. 10. 창간	여성의식 계몽과 여성의 사회적 지위향상을 일깨운 잡지
시문학		1930. 3. 창간	
철필(鐵筆)		1930. 7. 9. 창간	최초의 신문 평론지
비판(批判)		1931. 5. 1. 창간	프롤레타리아 계급의 계몽과 나약한 지식인들의 각성을 촉구하기 위해 발행.
신동아(新東亞)	/ 동아일보사	1931. 11. 1. 창간	신문사가 발행한 최초의 시사잡지
중앙(中央)		1933. 11. 1. 창간	의견과 세계정세, 과학기술 등을 대중적으로 평이하게 소개하는 잡지
삼사문학(三四文學)		1934. 9. 6. 창간	모더니즘과 초현실주의 계열의 우리 문학 동인지.
극예술(劇藝術)		1934. 4. 18. 창간	연극운동에 관한 잡지.
조광(朝光)	/ 조선일보사	1935. 11. 1. 창간	《신동아》와 더불어 손꼽힌 '신문잡지'. 말엽엔 친일지로 전락.
시원(詩苑)		1935. 2. 10. 창간	《시문학》에 비견할 만한 시 전문지
여성(女性)		1936. 4. 1. 창간	당시 대표적인 여성잡지 중 하나
문학(文學)		1936. 1. 5. 창간	문학 전문지
낭만(浪漫)		1936. 11. 9. 창간	시 전문지
시인부락(詩人部落)		1936. 11. 14. 창간	시인들의 동인지
단층(斷層)		1937. 4. 3. 창간	신심리주의 문예 동인지. 동인들의 문학수준도 높고 레이아웃도 참신한 것이 특징.
청색지(靑色紙)		1938. 6. 3. 창간	문화, 취미 잡지
인문평론(人文評論)		1939. 10. 1. 창간	일제하에서의 대표적인 문학평론지

한 의미의 의견지는 찾아보기 어려웠다. 다만, 친일잡지만이 존속하였다. 이때 많은 지식인이 돌이킬 수 없는 친일의 길을 걷게 되는데, 지식인의 변절은 의견지의 변절로 이어졌다.

해방공간 잡지기

8·15 해방 이후 전개된 미 군정기의 해방공간은 언로의 봇물을 이루었다. 정치잡지 전성기라 해도 과언이 아닐 만큼 정치색을 담은 수많은 의견지가 발행되었다.

사회변혁에 대한 요구가 분출되었던 시기로서 보잘것없는 편집형태나 용지 부족난을 겪으면서도 독자대중의 의견지에 대한 관심은 매우 높은 것이었다. 그 이유는 억눌림으로부터의 해방과 함께 건국이라는 민족적 과제가 워낙 컸으므로 지식인을 위시한 전민족이 정치적 상황과 시대적 과제 그리고 정치적 계기라는 컨텍스트에 대하여 열정적으로 그리고 적극적으로 대응했기 때문이었다.

당시의 여론지는 종합지의 성격이 강했다. 이들 종합지는 중도적 입장의 여론지로서 《대조大潮》(1946~1948), 《민성民聲》(1945~1950), 《신천지新天地》(1946~1950, 1951~1954; 서울신문사 간행) 등이 있었다. 한편, 일제강점기 강제폐간당했던 종합지 《조광朝光》(조선일보사 간행)과 《개벽開闢》(출판사 간행)도 복간되었다.

당시의 의견지들은 억압으로부터 해방된 언로의 분출을 이루었던만큼 수많은 의견지가 속출하였다. 의견지의 성격도 다양했고, 좌파의 대립 및 대응도 첨예하게 난무했으며, 다루는 내용 또한 다양했다. 친일파 척결을 외쳤는가 하면, 자본주의의 발달로 인한 계급의 소멸로 정치적

〈표 4〉 미 군정기 해방공간의 잡지들

잡지명	발행형태 / 발행처	창간 ~ 폐간	잡지의 성격
대조(大潮)	월간 / 이홍기	1946. 1. 1. 창간 ~ 1948. 12. 15.(통권 28호) 폐간	이념상 좌우익 관계없이 집필진 구성
문화생활(文化生活)		1946. 11. 1. 창간	의식주 생활문화 잡지
신문학(新文學)		1946. 4. 1. 창간	좌우익 불문하고 작품을 실은 문학지
조선경제(朝鮮經濟)		1946. 4. 1. 창간	경제 잡지
향토(鄕土)		1946. 7. 15. 창간	역사, 언어, 민속 연구지
법정(法政)		1946. 9. 1. 창간	법률, 정치지식의 대중화
동광(東光)		1947. 4. 15. 복간	복간
신문평론(新聞評論)	월간 /	1947. 4. 17. 창간	시사 평론지
문학평론(文學評論)		1947. 4. 19. 창간	《백제》지의 후신, 문학 평론지
문화(文化)		1947. 4. 20. 창간	민족진영의 문화 전문지
민주조선(民主朝鮮)		1947. 11. 1. 창간	정치잡지
재정(財政)	/ 대한재무협회	1948. 3. 1. 창간	재정 전문지
학풍(學風)		1948. 9. 28. 창간	학술잡지
문장(文章)		1948. 10. 15. 속간	일제때 대표 문학지였던 《문장》의 속간
희곡문학(戲曲文學)		1949. 5. 20. 창간	당시 유일한 희곡 잡지
문예(文藝)		1949. 8. 1. 창간	해방초기 국내 유일의 대표적 순수 문예지

실천이 가능한가 하는 회의론도 난무했다. 지식인은 올바른 역사관과 정치이념을 형성해야 한다는 사명감도 의견지를 통해 부르짖었다.

이와 같은 지식인의 의견지를 통한 미디어 실천은 활성화를 이루었고, 이 시기는 잡지의 역사에 길이 남을 만한 의견지의 전성기와 같았다. 그러나 한국전쟁으로 인해 1953년까지 의견지의 역사는 단절되었다.

자유당 정권 잡지기

1950년대 한국의 정치적 컨텍스트는 이데올로기 지형으로 살펴볼 수 있다. 그람시A. Gramci와 알튀세르L. Althusser는 지배 이데올로기 권역 내

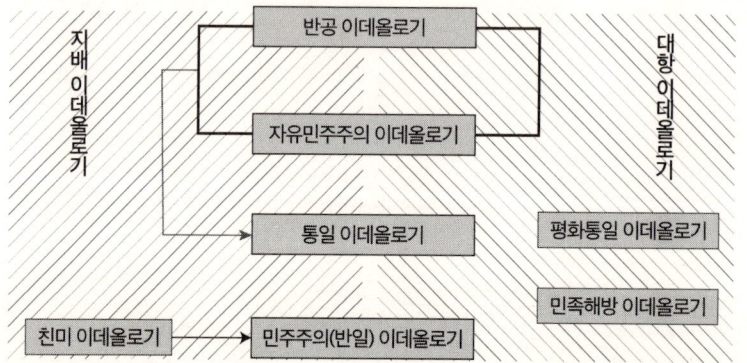

〈그림 3〉 1950년대 한국 이데올로기 지형

* 출처: 이용성, 한국 지식인 잡지의 이념에 대한 연구, 한양대 박사학위논문, 1996. 43쪽의 내용을 그림으로 재구성함.

에서 대항 이데올로기가 어느 만큼까지 가능한지 그 국가사회의 성격에 의해 규정되는 은유적 공간범위spatial metaphor를 이데올로기 지형이라 했다.

1950년대 당시에는 한국전쟁으로 인한 반공 이데올로기가 강경했으며 지배적이었다.

1950년대는 산업화가 실현되지 못한 단계라 의견지가 매우 독립적이었다. 당시에는 의견지에 대응하여 집권정권의 입장을 대변하는 정론지 또한 존재하지 않은 상황이었다.

군사정권 잡지기

1960년대 초반의 긴박한 정치현실은 의견지에 대한 압박이나 규제를 가할 수 있는 상황이 아니었다. 오히려 의견지의 존재를 더욱 부각시키는 정치적 컨텍스트로 작용하였다. 이에 따라 의견지는 대중성을 확보

〈표 5〉 건국기 자유당 정권의 잡지들

잡지명	발행형태 / 발행처	창간 ~ 폐간	잡지의 성격
희망		1951. 5. 창간 ~ 1963. 7.	전쟁중 임시수도 부산에서 민족의 아픔을 이겨낼 희망의 전령사 취지로 발행
새벗		1952. 1. 1. 창간	어린이 잡지 중 가장 오래된 잡지
사상계(思想界)	/ 장준하	1953. 4. 1. 창간 ~ 1970년 5월 폐간	동양 4대잡지로 일컬어지는 잡지. 유신체제 하에서 비판적 지식인의 역할. 함석헌, 김지하 등의 필화사건으로 유명함.
학원(學園)	월간 / 김익달	1952. 11. 1. 창간 ~ 1960. 2. 1961. 3. ~ 1978. 6. 1978. 10. ~ 1991. 7.(통권353호) 폐간	6.25 동란중 피란지 대구에서 창간된 학생잡지. 전쟁의 폐허 속에서 청소년들에게 꿈과 희망을 주었으며, 한 시대를 풍미했던 잡지로서 학원세대라는 용어를 탄생시킨 것으로도 유명함.
새가정		1954. 1. 1. 창간	국내 유일의 기독교 계의 가정잡지
문학과 예술		1954. 4. 1. 창간	문예지. 후에 《문학예술》로 제호 변경.
새벽	월간 / 흥사단	1954. 9. 창간	1933년 통권40호로 종간된 《동광(東光)》의 후신. 학술, 문예 등 교양지
현대문학(現代文學)		1955. 1. 1. 창간	가장 오래된 문학잡지. 우리 문단의 공기(公器)로서 신인작가를 많이 배출함.
아리랑		1955. 3. 1. 창간	당시 인기 있던 대중지
기업경영(企業經營)		1956. 1. 1. 창간	경제지
시와 비평		1956. 2. 1. 창간	해방 이후 최초의 시 비평지
시사영어연구		1956. 3. 20. 창간	영어학습 전문지
교육자료		1957. 1. 1. 창간	초등학교 교육잡지
기독교사상(基督敎思想)		1957. 7. 27. 창간	종교잡지
기독교계(基督敎界)		1957. 8. 1. 창간	종교잡지
사조(思潮)	월간 /	1958. 6. 1. 창간	학술과 교양지
음악문화(音樂文化)		1960. 1. 1. 창간	음악잡지

하게 된다.

이처럼 잡지의 역할이 두드러지자 1960년대 후반 들어 의견지가 갖고 있던 대중성의 영역을 신문사 발행 종합잡지가 잠식하기 시작하였다. 의견지에 대한 자본의 침투가 시작된 것이다. 그런가 하면, 규모와 영향력이 커진 의견지에 대한 정치적 탄압이 시작된 시기이기도 했다.

군사정권이 의견지를 규제하려 했던 가장 큰 요인은 당시의 이데올로기 지형과 의견지를 언로로 삼는 지식인의 존재양식이라고 할 수 있다.

1960년대의 지배 이데올로기는 반공 이데올로기, 근대화 이데올로기, 민족주의 이데올로기, 권위주의 이데올로기 등을 들 수 있다.

1960년대 박정희 정권에서 대두된 근대화 이데올로기는 양적 경제성장, 서구 자본주의 발전모델 추종, 국가주도의 국민동원을 의미하였다(김동춘, 2007). 근대화 이데올로기가 국가경제를 발전하고 개인의 빈곤을 해소했다는 점에서 큰 이데올로기 효과를 가져왔다.

다만, 근대화 이데올로기가 반공 이데올로기와 접합되어 지배 이데올로기의 통합을 이루었다는 점이 대항 이데올로기 발생의 근거를 제공하였다.

1960년대는 저임금 노동자와 저곡가 농민의 희생을 대가로 하는 수출지향적 독점자본의 발전을 가져왔으므로 노동통제와 독점자본의 특

〈그림 4〉 1960년대 한국 이데올로기 지형

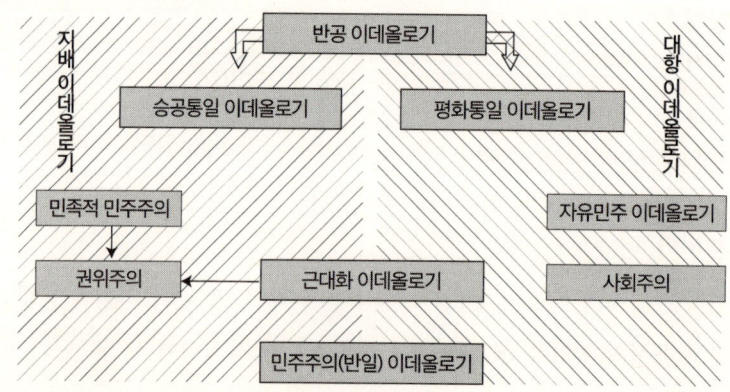

* 출처: 이용성, 앞의 논문, 1996. 86쪽의 내용을 근간으로 재구성함.

수이해를 대중에게 납득시키는 수단으로 그리고 노동운동을 탄압하기 위하여 국가의 강력한 통제를 수단으로 하는 권위주의 이데올로기를 형성하게 되었다(이용성, 1996).

이처럼 근대화 이데올로기를 지배 이데올로기로 상정하여 경제를 세계 자본주의에 편입시키고 재벌의 독과점과 정-경유착을 유발한 경제력 집중, 외자도입으로 비자주적 근대화 추진을 지향하게 된다.

박정희 군사정권은 반공 이데올로기를 가장 중요한 지배 이데올로기로 삼고 평화통일 논의를 철저히 탄압하였다. 4·19의거에서 제기된 평화통일 논의와 배치되었으므로, 이에 의거하여 언론탄압을 가하였다. 관련된 필화는 1964년의 《세대》지(1963~1979) 필화사건이 대표적이다. 1964년 11월호에 실린 특집 '현대 민주주의의 제 양상' 가운데 황용주의 논문 '강력한 통일정부에의 의지—민족적 민주주의론'이 문제가 되어 필화사건을 겪은 것이다.

당시 의견지의 유형은 〈그림 5〉와 같이 일반 교양지나 종교잡지가 시대적 요구에 따라 대항적 논조를 담은 의견지로 전환되거나 처음부터 정치적 의견을 담을 공론장의 목적으로 태동한 의견지의 유형이 있어서 두 형태로 나누어볼 수 있다.

1960년의 4·19의거는 언로의 분출을 일으켰다. 잡지만 무려 1,400여

〈그림 5〉 1960년대 의견지의 유형

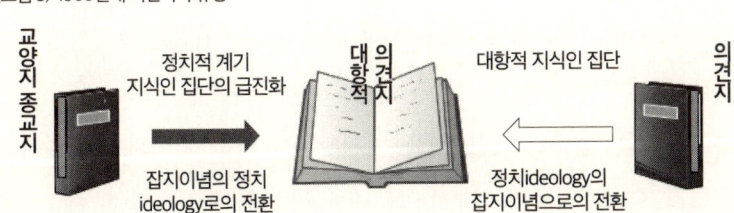

종이 발행되었다. 그러나 이듬해인 1961년의 5·16으로 잡지가 229종으로 격감되었다(이중한, 2001). 그러나 잡지에 대한 독자의 요구는 지속되어서 1953년 창간되었던 《사상계思想界》가 이 무렵부터 1964년까지 독재정권에 대항하는 의견지로서 자리를 잡았고, 1965년 1월에는 4·19세대의 지식인층을 중심으로 발행을 시작한 의견지 《창작과 비평創作과 批評》이 창간되었다.

이 무렵의 잡지사적 특징은 신문사가 자신들의 인쇄시설 및 취재력, 보급망 등을 활용할 수 있는 잡지발행을 선호했다. 1964년 《신동아新東亞》가 복간되면서 종합잡지 외에도 주간 대중잡지, 여성잡지 등 다양한 잡지를 발행하였다.

이처럼 대중잡지 시대가 열림과 함께 《사상계》나 《창작과 비평》 등이 의견지로서의 기능을 수행하고 있었다. 당시의 대학생이라면 이 두 잡지 중 하나를 끼고 다니지 않으면 대학생 축에 끼지 못할 만큼 인기가 있었고, 그만큼 영향력이 있었다. 그러나 군사정권은 당시 대표적 의견지였던 《사상계》를 가만두지 않았다. 종래에는 1970년 5월호에 실린 김지하의 '오적五賊'이라는 담시譚詩로 필화를 겪고 1970년 9월 폐간에 이르게 된다.

유신정권 잡지기

1972년 11월 21일 국민투표를 통해 확정된 유신헌법은 한국정치사에 오점을 남겼다.

유신이라는 명사는 낡은 것을 새롭게 고친다는 혁신의 의미임에도 불구하고 한국정치사에서 유신이란 단어는 '1인 독재정치'의 대명사로

〈표 6〉 군사정권의 잡지들

잡지명	발행형태 / 발행처	창간 ~ 폐간	잡지의 성격
시조문학		1960. 6. 1. 창간	
휴머니즘	/ 한국 휴머니스트회	1961. 12. 20. 창간	휴머니즘의 연구, 보급 및 그 실천을 위한 기관지.
신사조(新思潮)	/ 발행인 김영황, 주간 홍성유	1962. 1. 23. 창간	종합지. 정부정책에 대한 비판의견지
아동문학(兒童文學)	계간/ 발행인 조석기/편집인 김동리, 조지훈, 박목월	1962. 10. 10. 창간 ~ 1969. 5.(통권 19호) 폐간	아동문학 연구 잡지
세대(世代)	월간 / 오종식	1963. 6. 1. 창간 ~ 1979. 12. 폐간	종합교양지. 1964년 11월호에 실린 특집기사 '현대 민주주의의 제양상' 가운데 황용주의 논문 '강력한 통일정부에의 의지-민족적 민주주의론'으로 필화사건 겪음
과학교육(科學敎育)		1964. 9. 1. 창간	과학 교육정보지
주부생활(主婦生活)	/ 김익달	1965. 4. 1. 창간	가장 오래된 여성지
창작과 비평	/ 백낙청	1966. 1. 15. 창간 ~ 1980. 폐간 1988~	사회 비평지
문학(文學)	월간 / 윤영달	1966. 5. 1. 창간	문학지
동서춘추(東西春秋)	/ 김종완	1967. 5. 창간	한국전쟁 당시 동족상잔의 아픔을 위로했던《희망》지 후신
월간문학(月刊文學)	월간 / 한국문인협회	1968. 11. 1 창간 ~	문학지
여류문학(女流文學)	/ 한국여류문학인회	1968. 11. 1. 창간 ~ 1969. 5.	두 권 발행으로 그침
문화비평(文化批評)		1969. 4. 10. 창간	종합 학술지
상황(狀況)	계간 / 정을병, 신상웅 등	1969. 8. 15. 창간 ~ 1974. 1. 폐간	문예비평지
저널리즘	/한국기자협회	1969. 11. 10. 창간	언론 학술지
씨ᄋᆞ의 소리	월간 / 함석헌	1970. 4. 19. 창간 ~ 1970. 5. 등록취소 1971. 8.~1980. 7. 31. 1988. 12. 10. 속간 ~ 1991. 3.	어두운 시대의 민중의 소리의 대변자. 6천만 민중의 진로를 제시해온 의견지
다리	월간 / 윤재식 → 윤형두, 고문 김상현	1970. 9. 1. 창간 ~ 1972. 1.(통권 15호) 휴간. 1972. 4. 복간 ~ 1972. 10.(통권 15호) 폐간 1989. 9. 복간 ~	종합 교양지로서의 의견지

잡지명	발행형태 / 발행처	창간 ~ 폐간	잡지의 성격
		1990. 6.(통권 32호) 휴간	
지성(知性)		1971. 11. 창간 ~ 1972. 9.(통권 18호) 폐간	
신여원(新女苑)	월간 /최상규	1971. 12. 13. 창간	1974년 8월《여원》으로 제호 변경
문학사상(文學思想)	월간 / 김봉규 이어령(주간)	1972. 10. 1. 창간 ~	다양성 추구 문학지. 이상문학상과 소월시문학상을 주관

여겨오고 있다. 유신헌법은 박정희 개인의 종신집권을 위한 헌법적 장치였으며 입헌 민주주의에 반하는 헌법이었기 때문이다(김철수, 1999). 그러므로 유신정권은 박정희 대통령이 자신의 집권을 장기화하기 위해 궁정 쿠데타를 통해 군부 권위주의 체제를 제도화했다는 특성이 있는 것이다(김태일, 2001).

슈미트C. Schmidt(1996)는, 히틀러가 합법적으로 권력을 잡을 수 있는 연결고리를 했던 것이 주권독재적 헌법론이었음을 주장했다. 최형익(2008)은 이 주권독재적 헌법론이 유신헌법에 상당히 영향을 끼쳤음을 지적한다.

그러나 당시의 유신정권은 실질적으로 국민들에게 탄핵당한 바나 다름이 없었다. 1978년 제10대 국회의원 선거결과가 이를 입증하고 있었기 때문이다. 절대압승을 믿었던 야당 통일민주당이 여당인 민주공화당에게 1.1% 뒤지는 전무후무한, 가히 선거혁명이라 할 수 있는 결과가 발생했기 때문이었다.

이 시기의 의견지는 이러한 민심을 대변하기가 어려웠다. 언론탄압을 국가보안법과 묶어 처결했기 때문이다. 그러므로 이 무렵의 의견지는 필화를 수반하고 있었다. 언론에 대한 정치적 탄압기였던만큼 잡지의 창간이 드물었다.

〈표 7〉 유신정권의 잡지들

잡지명	발행형태 / 발행처	창간 ~ 폐간	잡지의 성격
뿌리깊은나무	월간 / 한창기	1976. 3. 15. 창간 1980년 폐간 당함	문화와 예술을 고려한 잡지
한국연극(韓國演劇)	월간 / 한국연극협회	1975. 12. 30. 창간 ~	

3. 실천적 지식인의 언로

'제3자 효과 이론'을 위시한 많은 커뮤니케이션 이론에서 언급한 '오피니언 리더'를 월간 《다리》지의 배경인 1970년대에 견주어보면 '지식인'이란 보편적 용어에 합당하다.

그러면 '지식인'은 어떤 사회집단이며 실천적 지식인으로서 사회적 역할은 무엇인가? 의견지를 통한 지식인의 미디어 실천은 이 질문에서부터 출발한다.

지식인이란?

지식인을 지칭하는 용어는 '인텔렉추얼intellectual'과 '인텔리겐차intelligentsia'라는 두 가지가 있다.

'인텔렉추얼'은 1898년 프랑스 드레퓌스 사건에서 발상된 개념이다. 프랑스에서 유태계 장교인 드레퓌스에게 간첩혐의를 선고한 재판결과를 항의하고자 모인 문화예술인 및 학자 등을 일컫는 용어로 처음 사용되었다. 드레퓌스에게 증거도 없이 판결하는 것은 부당하다고 생각했던 프랑스A. France, 졸라E. Zola, 할레비D. Halévy, 프루스트M. Proust 등은 그들의 서명이 담긴 서한을 《L'Aurore》지에 기고하였다. 편집자 클레망쇼G. Clemanceau는 이 서한을 가십의 의도를 담은 단어로서 '인텔렉추얼(지식인)의 선언(Manifeste des Intellectuals)'이라고 칭하였지만, 이들 지식인들은 도리어 자랑스럽게 생각함으로써 인텔렉추얼의 상징적 의미가 발생한 것이다.

영화 〈변호인(2013)〉에서도 드레퓌스 사건을 언급하며 부당함을 변호하는 장면이 있을 만큼 역사적 상징성이 큰 보편적 의미로 사용되고 있다.

한편, '인텔리겐차'는 1860년대 러시아와 폴란드에서 '훌륭한 교양을 갖춘 사회계층'을 지칭하는 긍정적 의미의 명칭이었다. 이들 지식인 계층은 봉건 전제정치를 붕괴시키고 자주독립 국가를 건설하려는 집단이었다. 이들은 인텔렉추얼보다 조직적이었고 정치적 실천의지가 강한 집단이었다. 특히, 인텔리겐차는 사회적 모순을 해결하기 위해 러시아 사회의 후진성과 서구의 발전상을 인식하고 짜르 통치와 농노제를 붕괴시키고자 하였다. 이로써 농민 중심의 인민주의, 도시 노동자 중심의 마르크스 주의 등 여러 양상으로 사상적 갈래를 이루었다.

이상의 의미처럼 이들 인텔리겐차는 사상투쟁에 투신하고 새로운 이념에 대한 관심과 사회적 소외감 등을 공유한 실천적 지식인들이었다.

이와 같은 맥락에서 그람시A. Gramci는 "계급과 관련을 맺지 않은 지식인이란 사회범주는 신화에 지나지 않으며, 지적 요소와 역사적 실천성을 강조하여 공중의 집단의지(collective will)를 형성하는 데 적극 기여해야 한다"는 지식인의 사회적 기능을 강조하였다. 이처럼 지적·문화적 행위를 통하여 역사변동을 추동하고 자신이 들어 있는 사회집단의 이해를 정당화하는 역할을 담당하는 지식인을 일컬어 그람시는 '유기적 지식인(organic intellectual)'이란 개념을 제공하였다. 유기적 지식인은 자신의 사회집단이 공유하는 상식을 비판적으로 분석하고 사회집단의 행위나 가치의 기준이 되는 이데올로기, 곧 일관성을 갖춘 세계관을 창출(이용성, 1996)한다고 본 것이다.

그람시의 '유기적 지식인'의 개념을 바탕으로 1970년을 전후한 우리나라 지식인에 대한 정의는 '비판적 지성과 역사적 실천성을 갖춘 사람'으로 일컫는 것이 보다 적절해 보인다.

지식인의 미디어 실천

굴드너A. Gouldner(1979)는 지식인의 사회적 실천 형태로서 미디어 실천에 주목했다. 그는 이데올로기의 기본적 상징수단이 개념과 언어인만큼 인쇄 미디어가 이데올로기의 토대임을 밝혔다. 처음에는 인쇄 미디어를 매개로 한 이데올로기가 인텔리겐차와 같은 독서공중(reading public)으로 한정되다가, 미디어의 확산으로 이데올로기의 배포범위가 광범위한 대중으로 확산되었다고 하였다. 그러나 지식인은 여전히 원래의 역할을 빼앗기지 않고 인쇄 미디어를 전유한 채 매스미디어와 대중을 중재하는 역할을 계속하고 있다는 것이다.

이처럼 문화자본을 갖고 있는 지식인의 사회적 실천이나 사회적 참여는 주로 인쇄 미디어를 매개로 하는 미디어 실천의 형태를 띠게 된다.

데브라이R. Debray(2000)는 프랑스의 경우, 지식인의 역사를 3단계로 시기구분한다. 가장 먼저는 대학교수가 지배적 역할을 한다. 이 시기가 지난 후에는 출판사를 중심으로 출판잡지를 발행하는 작가의 시기를 거치게 된다. 세 번째 단계로 방송 미디어의 지식인이 지배적 역할을 하는 시기라고 하였다(정수복, 1994).

본고에서 주목하는 1970년대 한국의 경우는 데브라이가 말하는 프랑스의 두 번째 단계처럼 지식인의 사회적 실천이나 사회적 참여가 주로 잡지 미디어, 곧 의견지를 활용하여 미디어 실천을 했던 시기였다.

4. 한국 공론장의 갈등구조 형성과 의견지의 '필화'사건

억압과 분출의 변증법

사회적 갈등은 특정 사회가 안고 있는 구조적 모순에 기인한다. 이스라엘 학자인 아이젠슈타트S. N. Eisenstadt(1978)는 '하나의 변화된 사회체제가 제도화하는 과정에서 그 사회체제 속에 잠재하는 변동 가능성이 새로운 형태로 구체화된다'고 봄으로써 사회변동의 원천에 갈등을 내포하고 있음을 시사한다.

갈등론의 원류는 단연 마르크스K. Marx에게서 찾을 수 있다. 마르크스는 시민사회의 모순과 그 부당성, 역사의 추진력으로써 '계급갈등'을 중시했다(Altschull, 1990; 양승목 역, 1997). '불평등'으로부터 갈등이 만들어지며, 갈등이 커지면 계급간의 양극화가 심화되고 갈등이 더욱 폭력적인 것으로 변한다고 보았다. 나아가, 이러한 갈등이 폭력적일수록 한 사회 내의 구조변동의 폭이 커진다는 명제를 내세웠다.

베버M. Weber 역시 법을 위시한 사회적 규범체계가 언제나 모든 갈등을 통제하고 억압할 수는 없다고 했다. 그는 '정당성'이 철회되면 권위가 약화되어 갈등이 발생하는데, 지도자가 나타나서 저항세력을 동원하느냐 못하느냐에 따라 혁명적 갈등으로 발전하는지가 결정된다고 보았다.

갈등이론에 주목한 짐멜G. Simmel은 사회에는 늘 갈등이 존속한다는 입장이어서 이 갈등이 격해지면 사회변동까지 일어나지만 타협의 가능성을 갖는 것으로 보았다.

지배계급에 대한 피지배 계급의 갈등은 분출수단으로서 저항을 부른다. 다시 말하여, 지배와 저항은 동시에 이루어진다.

민중의 저항은 지배의 변화를 초래한다. 그것은 부르주아 독재시대를 부르주아 헤게모니 체제로 대체하는 등 지배권력 체제를 강화하거나 공고히 함을 의미한다. 마찬가지로, 지배와 저항이 상대적 배열(대치) 속에서 은폐돼 있거나 잠재해 있을 경우에 상대성은 더욱 높아진다(이영제, 1999). 왈러슈타인I. Wallerstein(1996)은 이렇게 역설한다.

억압에 대한 저항은 사회체제의 존재와 그 궤를 같이한다. 저항이란 항상 있지만 대부분의 경우에는 잠재돼 있다. 억압받는 사람들이 그들의 저항을 지속적으로 표출하기에는 정치적·경제적·이데올로기적으로 힘이 너무나 약하기 때문이다. 그러나 억압이 특히 심해진다거나 기대가 무참히 짓밟힌다거나 혹은 지배계층의 힘이 흔들리거나 하면, 민중들은 거의 자발적으로 일어나 억압의 종식을 외쳐왔다.

1970년 전후 한국 공론장의 지형

1967년 6월 8일 군사정권 집권여당인 공화당은 관권과 금권을 총동원하여 다수의석을 차지하였다. 6·8총선에서 공화당이 대대적인 부정선거를 자행한 기록은 선거직후 신민당에서 제공한 『6·8부정선거 백서』에 기록되어 있다.

당시 공화당이 대놓고 부정선거를 저지른 이면에는 박정희 대통령의 장기집권을 위한 삼선개헌의 의지가 깔려 있다는 소문이 세간에 회자되고 있었다. 1969년 1월 박정희 대통령은 기자회견 석상에서 "특별한 사유가 없는 한 내 임기중 헌법을 고치지 않았으면 하는 것이 나의 심경"이라고 밝히고 "헌법을 개정할 필요가 꼭 있다 해도 연초부터 왈가왈부하는 것은 좋지 못하며 금년 말이나 내년 초에 얘기해도 늦지 않다고 생각한다"라는 발언으로 개헌 가능성의 여지를 남겨놓았다. 당시 《동아일보》 1면 헤드라인에 '개헌 논의할 때 아니다'라는 타이틀로 이 내용을 실었다.

이에 야당은 즉각 반발에 나섰다. 개헌안 저지에 총력을 기울여 범국민운동을 전개할 것이라 대응한 것이다. 의견지도 반대의 입장을 표명하였음은 물론이다.

당시의 의견지로서 대표성을 갖고 있던 《사상계》는 1969년 1월호 권두언에 '오랜 동면에서 속히 깨어나자'라는 제목을 달고 '3선의 길을 터놓는 것이 영구집권과 독재화에 직통되는 것임을 잘 알고 있다'며 이는 '민주의 절차를 밟아 반민주의 야욕을 달성하려는 문제이기 때문에 민주세력으로서 절대 거부하지 않을 수 없는 것'이라고 명시했다. 당대를 대표하던 의견지의 이러한 입장표명은 민주 대 독재의 구도를 선명하게 했다(이상록, 2010).

3선개헌에 대한 의견이 중점적으로 의견지에 오르내리는 과정에서 박정희 대통령은 7월 25일 특별담화를 통해 국민투표 실시를 밝혔다. 박정희 정권이 경제개발과 국방강화를 명분으로 내세운 삼선개헌안은 1969년 8월 7일 국회에 제출했고, 9월 14일 새벽 2시 50분 야당이 농성중인 국회 본회의장을 피해 별관 특별회의실에서 변칙적으로 개헌안을 통과

시켰다.

1969년 10월 17일 삼선개헌안에 대한 국민투표가 실시되었다. 77.1%의 유권자가 참여한 국민투표의 결과는 찬성 755만 3,655표, 반대 363만 6,369표라는 표차로 삼선개헌안이 가결되었다. 당시 의견지에 밝힌 원인을 보면 신상초(1969)는 '후진국 국민의 낮은 정치수준'을 지적했다. 대의제 민주주의와 다수결의 원칙에 대한 비판적 인식이 대두되었던 것도 주목된다. 박영대(1969)는 민주주의가 '무차별의 상대주의'로 전락하기 쉬운 문제가 있음도 거론하였다.

《사상계》를 중심으로 한 의견지의 논지는 대중을 민주시민으로 각성하기 위해서는 계몽이 필요하다는 인식 하에 계몽 프로젝트를 가동시키기로 방향을 정하기도 하였다.

1971년 12월 6일, 박정희 정권은 안보태세의 확립을 위해 '비상사태 선언'을 발표하였다. 대표적 의견지였던 《사상계》가 1970년 5월 필화사건으로 폐간되었고 이를 대신했던 의견지 《씨알의 소리》(1970, 1971~1980, 1988~1991)는 비상사태 선언은 정권에 대한 반대세력을 억압하고 언론의 자유를 유린하는 것임을 지각하고 '비상사태 선언은 박 정권의 영구집권 선언'이라며 반대의견을 표명하였다(장준하, 1972).

이상과 같은 정부의 언론통제에 관하여 한승헌(2013)은 ①입법적 통제 ②행정적 통제 ③사법적 통제 ④물리적 통제로 나누어 보았다.

먼저, 입법적 통제는 실정법에 입각한 제도에 언론통제를 가능하게 하는 장치가 마련되어 있음을 말한다. '합법적인 언론간섭이 법치주의를 타락하는 경우'라 할 수 있다. 5공화국 때의 언론기본법, 그 후신인 정기간행물 등록에 관한 법률, 국가보안법 중 일부조항 등을 예로 들 수 있다. 특히, 국가보안법은 국가안보를 빙자한 정권안보용으로 남용되어 언론(인) 탄압의 수단으로 활용되었던 적이 많았다.

행정적 언론통제는 정부가 행정처분을 하거나 집행기관으로서의 힘을 빌려 언론을 통제하는 방식이다. 정기간행물 발행의 정지 또는 등록취소 조치를 비롯하여 각종 등록제의 악용, 계엄 하의 사전검열 등이 이에 해당한다. 실제로, 공무원(주로 공안부서의 기관원)에 의한 연행, 조사, 도청, 언론사 출입·탐지행위 등 직권남용의 경우가 많았다. 5공화국의 '보도지침' 시달은 정부기관이 자행해왔던 언론통제의 대표적 사례였다.

물리적 통제의 경우, 주로 경제적 불이익을 줌으로써 암암리에 언론통제의 효과를 거두기도 했다. 실제로, 은행융자의 견제 등 금융상의 압박조치 및 인쇄용지의 공급제한, 인쇄소에 대한 인쇄거부 종용, 언론사에 대한 각종 인·허가권 행사, 광고탄압, 세무조사 등 여러 방면으로 압박을 가하였다.

이상의 탄압 국면이 1970년대의 언론통제의 지형이라고 할 수 있다. 위에서 언급한 공안은 우리 사회의 주요 기관 어디에서나 볼 수 있었다. 당시에 법관이었던 분들의 후일담에 의하면, 심지어 '사법권 독립'을 부르짖어야 할 만큼 이들 공안들은 사법기관에 상주하면서 재판에 간여하기도 했던 시절이었다.

군사정권의 '필화'사건

우리나라에는 입헌민주국가를 표방한 정부수립 이후부터 언론의 자유가 온전히 보장되어오지를 못했다. 이승만 정권에서부터 박정희·전두환·노태우의 군사정권을 과도하는 동안 수많은 언론탄압 및 언론박해가 자행되었다.

이승만 정권은 정부수립 직후에 '언론정책 7개항'을 발표하여 반대파 탄압의 수단으로 활용했다. 4·19 이후에 해소된 언론제약은 이듬해인 1961년의 5월 16일 이후로 다시 억압을 받기 시작하였다. 5월 16일 그날부로 선포된 비상계엄령에 의해 언론의 자유가 박탈당하고 사전검열이 감행되었다. 5월 23일에는 '사이비 언론인 및 언론기관 정화'를 내건 최고회의 포고 제11호가 발표되어 언론을 장악하기 시작하였다.

1965년 한일회담 반대투쟁이 절정에 이르렀을 때, 박정희 정권은 비상계엄을 선포하고 4개 사단 병력을 투입해 시위를 무력으로 진압했다. 이른바 6·3사태로 기록된 대대적인 시위진압이었고, 이로 인해 1,120명의 학생과 언론인, 지식인 들이 투옥되었고 348명이 구속되었다.

언론규제를 노린 언론윤리위원회법이 국회에서 통과되었으나 언론단체들의 반대로 그 시행이 저지되기도 했다. 그러나 정권은 언론인에 대한 테러나 구속, 기관원의 언론간섭 및 통제 등을 일삼았다(한승헌, 2013).

박정희 정권 하에서는 필화사건이 비일비재했다. 이 가운데 5대 필화사건으로 ① 1968년의 《신동아》지 차관 필화사건'과 ② 1970년의 《사상계》지 오적五賊 필화사건' ③ 1971년의 《다리》지 필화사건' ④ 1972년의 《창조》지 필화사건' ⑤ 1987년의 《신동아》《월간조선》지 제작방해 사건'을 들고 있다.

이 내용은 훗날 국가정보원이 '국정원 과거사건 진실규명을 통한 발전위원회'가 발간한 보고서 『과거와 대화·미래의 성찰―언론·노동편(V)』 (2007)의 '중정과 안기부에 의한 언론통제 및 개입실태' 부문에서 이상의 다섯 가지 '필화사건에 대한 조사내용과 평가를 게재함으로써 밝혀진 것이다.

이 보고서에 의하면, 위의 5대 필화사건을 중앙정보부나 그 후신인

안전기획부가 불법적인 수사와 공작을 벌였던 사건으로 규정했다. 필화와 관련된 해당 기사가 당시 실정법을 전혀 위반하지 않았음에도 불구하고 당시 반공법(1980년 12월 31일 폐지)과 언론기본법(1987년 11월 11일 폐지) 위반혐의를 뒤집어씌우기 위해 꿰맞추기 식 수사와 물리력을 동원한 불법수사를 자행했다는 것이다.

이 보고서에서 국정원 진실위는 ① 1968년의 《신동아》지 차관 필화 사건'으로 '동아일보가 동 사건 이후 정부권력에 대한 비판기능 일부를 상실한 것으로 추정된다'고 평가했다. 그러나 엄밀히 말하면, 실질적으로 이 사건 이후에 '권-언유착'이 형성된 것으로 볼 수 있다.

③ 1971년의 《다리》지 필화사건'에 대하여 이 보고서에서는 '중앙정보부가 김대중 대통령후보의 지지도 상승 저지방안으로 김대중의 홍보기구 역할을 해온 《다리》지 관계자들을 구속했다는 주장은 개연성이 있다'고 적고 있다.

④ 1972년의 《창조》지 필화사건'에 대하여는 '이 사건은 유신체제 선포 이전 박정희 정권에 비판적이던 언론은 물론 종교계까지도 통제하고자 했다는 사실을 보여준다.' '김수한 추기경을 연행하면서 천주교인들을 친야적인 방향으로 유도하는 내용을 게재한 혐의라고 밝힌 것은 반공법 위반혐의를 빌미로 정권에 비판적인 언론과 인사들에 대한 압력과 통제가 주목적이었다'고 평가하고 있다.

⑤ 1987년의 《신동아》《월간조선》지 제작방해 사건'에 대해서는 '이후락 증언 게재를 물리적으로 중단시킨 위법성'을 지적하면서 '당시 안기부가 관행적으로 언론에 개입하고 국민의 민주화 요구를 간과했다는 비난을 초래했다'고 평가했다.

이처럼 국정원 과거사건 진실규명을 통한 발전위원회가 규정한 5대 필화사건은 모두 의견지를 통해 발생된 것이었다. 또한 5대 필화사건 중 4가지가 박정희 정권 하에 일어났음을 보면, 당시 《사상계》와 《씨ᄋᆞ의 소리》 그리고 《다리》지를 중심으로 한 의견지가 비판과 저항의 역할을 얼마나 힘겹게 수행하였는지를 알 수 있다.

제Ⅱ부
월간《다리》지의 창간 배경

월간 **다리**

1. 월간《다리》지의 창간과 컨텍스트 : 잡지사적 좌표와
   역사적 위상

　월간《다리》지가 창간되던 1970년 무렵의 한국사회는 제3공화국 정권이었다. 이 정권의 당면과제는 경제발전과 민주주의라는 두 가지 핵심적 과제 속에서 진통을 겪어왔다.
　'박정희 모델'로 불리는 정부주도·재벌중심의 수출주도형 정책은 한편으로는 급속한 경제성장이라는 '한강의 기적'을 만들어내면서 '제3세계의 근대화'로 평가되는 한편, 정-경 유착으로 인한 비효율적 자원배분으로 불균등한 성장을 하고 있었다. 우리나라에만 존재하는 단어인 '재벌'이 등장했고, 재벌의 문어발식 사업확장으로 사회는 '빈익빈 부익부' 현상을 만연시켰던 것이다.
　박정희 모델에 의한 급속한 경제성장은 국가주도 하에 적극적인 공업화 촉진과 수출지향 정책을 펼침으로써 자본가 계급을 형성하고 노동자 계급의 양적 팽창을 이루었다. 노동력을 위해, 외국산 양곡을 수

입하여 주곡가를 낮은 수준으로 동결시킴으로써 농민층을 분해하였고 농민층을 노동자 계급으로 흡수하도록 추동한 것이다(박현채, 1981). 결과적으로, 빈농 계층을 저임금의 노동자 계층으로 수평이동을 시킴으로써 산업의 불균등 발전을 추구한 정책이었다.

이 결과, 서울·경기지역에 인구의 절반이 몰리는 거대 공룡도시를 만들어냈고 중앙집권화 등 조직적 통제력을 행사함으로써 지배세력의 권력을 끌어올렸다.

당시로서는 노동자 계층의 정치의식 미흡으로 시민사회가 허약했다. 따라서 민중에 대한 과도한 임금착취 및 민중을 배제하는 정책을 일삼았다. 우리나라에만 있는 단어 '재벌'이 이를 근간으로 형성되었으며 재벌과 정치권력과의 유착된 부패문화가 만연되었다. 억압과 소외를 근간으로 한 민중배제적 경제성장은 민중으로 하여금 성숙의 조건을 부여한 것과 다름없었다. 민중은 정당한 노동의 대가와 민주주의를 요구하기에 이르렀고, 이에 따라 급속하게 민중 부문의 성장과 조직화가 이루어졌다.

신문·방송으로 알권리를 충족시키지 못한 민중은 지식인 계층 및 오피니언 리더들의 의견에 귀를 기울였고, 이들의 의견을 담은 의견지를 통해 정치적 관심을 해갈하였다. 의견지로서의 월간《다리》지 창간은 독자의 요청에 부응한 시대적 잡지사적 산물이었다.

2. 지식인 중심 시민사회의 의견지에 대한 요구

박정희 시대로 일컫는 1960~1970년대 한국사회를 이끌어가는 지배이념은 제도상 문화정책에서 찾아볼 수 있다.

박정희 정권의 문화정책은 반공주의·권위주의·성장주의 등의 지배 이데올로기를 내세움으로써 그에 맞선 민족주의·인본주의 등의 저항 이데올로기 사이의 헤게모니 다툼이 있었다(조희연, 2003).

4·19 혁명에 의해 시민사회에 정착된 민족·민주 이념은 5·16 쿠데타를 집권한 박정희 군부정권에 의해 반공과 조국 근대화(산업화)를 핵심으로 한 국가주의 이데올로기로 대치되었다. 국민과 시민을 주역으로 한 4·19의 상징성은 5·16에 이르러 왜곡됨으로써 같은 '민족'을 일컬어도 지배진영의 국가주의적 민족과 시민사회 진영의 저항민족주의적 민족 사이의 간극이 커졌다. 지배 블록의 문화정책에 나타난 지배 이데올로기와 시민사회 블록의 저항 이데올로기 간의 헤게모니가 달랐던 것이다(김성수, 2007).

국가기구나 정치권력은 법률과 군대, 경찰, 감옥 등을 통해 다양한 사회계층들의 동의를 창출해낼 필요에 직면해 있었고, 또 이를 위해 일정한 이데올로기적 지배장치들을 고안해내게 마련이었다. 이러한 헤게모니의 장악을 위해 박정희 정권은 체제유지와 강화를 위한 이데올로기적 수단으로 '공적인 기억', 즉 '지배적 기억'을 만들어내야 했다(오명석, 1998). 이에 따라 박정희 정권이 표방한 민족주의는 대체로 민족적 사명감과 책임의식, 민족 주체의식에 국한하였고 호국정신을 강조하기 위한 현충사 중건 등을 강조했으며 스포츠 정책에 치중하는 등 지배체제의 전략을 강화하고 통제하기 위한 권위주의적 문화정책을 펼쳐나갔다.

이처럼 강력한 이데올로기 장치가 국가독점 자본의 증식을 위해 국가동원 체제를 가동하고 문화 부면을 장악해가면 갈수록 독재체제,

분단, 외세문제 등 위기상황에 대응하려는 지식인들의 다양한 대항담론을 생산해내게 되었다. 지식인들의 담론은 저항 헤게모니를 낳게 마련이었다. 저항운동이 조직화되고 지배 이데올로기에 대항하는 지식인 중심 시민사회는 현실을 비판하는 직필 또는 비판을 위한 풍자, 우회적 전략 등을 통해 다양한 저항을 시도하지만, 검열과 금서 그리고 필화라는 폭압적 정치권력과의 헤게모니 쟁투가 전개되던 시절이었다. 당시로서는 시민사회의 헤게모니 쟁투가 가장 치열하고도 극명한 장은 바로 의견을 제시할 수 있는 의견지였다.

국가주의 이데올로기를 표방한 박정희 정권의 개발독재에 기인한 국가동원 체제 아래에서 반공·성장 이데올로기가 낳은 급속한 산업화와 권위주의적 국가체제는, 동시에 비판적으로 대항할 시민사회 그리고 대항담론을 함께 성장시키기도 했다. 이 시기의 지배 및 저항 이데올로기 간의 갈등이 향후 한국사회의 문화발전에 기본노선을 이룰 만큼 큰 영향을 미친 것 또한 사실이었다.

결과적으로, 당시 지식인들의 대항담론의 장으로서 의견지의 필요는 시대적 요청이었다.

3. 월간《다리》지의 창간과 창간이념

《다리》지는 월간종합지를 표방하여 창간하였다. 당시 일간신문에 실었던《다리》지 창간을 알리는 3단 광고란에 '월간종합지'로 명시하고 있음을 볼 수 있다(〈사진 1〉 참조).

이 광고에는 '대화의 가교'라는 캐치프레이즈를 내걸고 있어 '다리'

<사진 1> 일간지에 실린《다리》지 창간광고

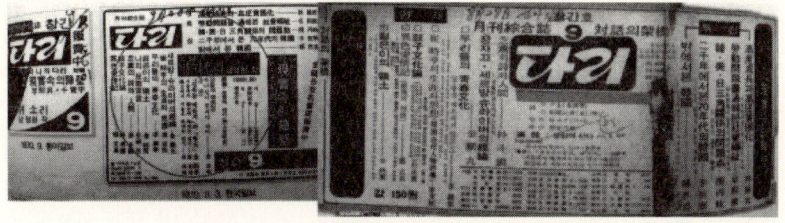

라는 제호가 갖는 의미를 규정하고 있다.

'종합교양지'로 표방한《다리》지 창간에 대하여, 1970년 8월 28일자《신아일보》기사에 이렇게 적고 있다.

> 다리…젊은이 주축의 대중종합지
> 31일 창간호가 나온《다리》는 4·19 주체세력인 젊은 세대들이 주축이 되고 있다고 들리는 대중성을 띤 월간종합지.
> 지난 7월부터 창간기미를 보여오더니 그 동안 등록허가 문제를 둘러싼 당국과의 의견조정으로 책이 늦어지게 된 까닭을 말하고 있다. 다리를 놓아야만 대화가 전달되는 우리 사회상에서 제명을 착안했다는《다리》는 창간호 권두언 대신《다리》를 둘러싼 이희승 교수와 천관우 씨의 대담이 실려 있고 각계 교수들이 논문으로 발표한 특집 '한국의 오늘과 내일', 서평, 남정현 씨의 최초작 '방귀소리', 김광섭·강인섭의 글 등이 소개되고 있다. 국판 50면. 150원.

위의 이 기사에 의하면, 창간이 늦어졌으며 늦어진 경위가 당국의 등록허가 문제와 관련 있음을 간접적으로 보여주고 있다. 위의 기사 중 '국판 50면'은 오자로 보인다. 1970년 9월 6일자 〈주간 조선〉지에는 아래와 같이 '168면'으로 정확하게 씌어져 있다.

종합교양지 월간《다리》창간

월간《다리》창간호가 나왔다. 이 잡지는 지난 6월에 첫 호를 내놓을 예정이었으나 사정에 의해 3개월이나 늦어진 것.

창간사에서는 오늘의 사회를 '윤리, 도덕, 정의, 국가관, 더 나아가서는 애국 애족의 이념들이 고쳐질 수 없는 역류에 휩쓸리고 있다'고 진단하고 '침묵과 안일을 위주로 살아가려는 무책임한 태도를 지양하고 솔직하고 주저 없는 대화를 다시 이어보자'고 천명하고 있다.

창간호에는 임종철, 탁희준, 민병기, 이항녕 씨 등이 집필을 맡은 특집 '한국의 오늘과 내일' '나의 반전 선언'(이병주) '고자문화론'(박승훈) '한국근대인물평전'을 비롯해서 시, 소설에도 지면을 할애함으로써 종합교양지로서의 기획태도를 엿보게 한다. 발행인은 윤재식 씨.(국판 168면, 값 1백50원)

《조선일보》9월 14일자에는 '활력 솟는 잡지계'라는 기사에《다리》지 사진과 함께 '부담감 없이 읽을 수 있고 들고 다니기 편하도록 돼있어 바쁜 도시인의 손길을 쉽게 얻는 데 성공하고 있다'고 소개하고 있다. 외형적인 면만 소개한 것으로 보아 기자가 내용을 읽지 않고 쓴 것으로 보인다.

10월 23일자《경향신문》'10월의 문단'에《다리》지를 언급하고 있다. 시 작품에 대한 기자의 평가 '무서운 상징과 고발을 가지고 읽는 사람의 가슴을 친다'는 간접적으로《다리》지의 성격을 내비치는 것과 같았다.

근래의 시단의 움직임을 살펴나갈 때 먼저 크게 눈을 끄는 작품으로 강인섭의 '신문기자'(다리 창간호)를 들지 않을 수 없다.

이 작품은 아무런 어려운 표현도 없다. 그러면서도 그것이 이루어놓은 현실은 무서운 상징과 고발을 가지고 읽는 사람의 가슴을 친다.

창간호인 1970년 9월호 창간사에 발행인 윤재식은 이렇게 적고 있다.

지금 우리는 모두가 단절된 상황 하에서 몸부림치고 있다.

이웃과 이웃의 바람직한 대화가 끊어지고 기성세대와 새 세대의 대화가 불신과 침묵으로 불연속선에서 귀일歸一되지 못하고 있음으로 해서 사회는 온통 이어질 수 없는 토막의 현상으로 조성되어가고 있다.

윤리, 정의, 도덕, 국가관, 더 나아가서는 애국애족의 이념들이 고쳐질 수 없는 역류에 휘말리고 있음을 부인할 수 없다.

정치인이 대변인으로서의 자세가 그릇되고 경제인이 국가경제의 육성을 위하는 대도大道에 빗나가고 지성인이 현실에 참여하는 태도가 너무나 체념 내지는 방관이고, 공무원이 국민의 공복에서 이탈되고 있으니 우리는 누구를 믿고 살아야 한다는 것인지조차 구별할 수 없는 오늘이다.

그렇다고 오늘의 이 사회를 고질화되어버린 현실이라고 인정하고 체념 내지는 방관만 할 수는 없는 것이다.

문제는 그릇되어진 오늘의 책임을 묻기 전에 어떻게 했으면 올바른 방향으로 구심점을 찾아 우리가 나갈 좌표를 모색해나가느냐가 더 중요한 것이다.

침묵과 안일을 위주로 살아가려는 무책임한 태도를 지양하고 솔직하고 주저 없는 대화를 다시 이어보고 건전한 사회의 일원으로서의 대열을 가다듬어보자. …

침묵이 미덕이 될 수는 없을 것이다. 이《다리》지를 통하여 서로 얘기해 보고 들어보았으면 한다.

이 창간사에는 '열린 언로'를 제시하고 있으며 '소통'을 통해 사회에 흐르고 있는 역류를 바로잡자는 창간의지를 담고 있다.

《다리》지는 제호의 의미를 부각하는 특집대담을 맨 앞에 편집했다. '대화의 가교'라는 지면명을 부여하고 '너와 나의 다리'라는 제목을 붙여서 이희승과 천관우의 대담내용을 20쪽에 걸쳐 실었다. 편집자는 타이틀 아래에 대담의 취지를 다음과 같이 부여하였다.

고도로 발달된 기계문명이 지배하는 현실사회에서 '이해'와 '오해' 그리고 세대를 위한 솔직한 대화는 정신문명을 물질문명에 우선시키는 지름길이 된다. 이에, 본지는 이 대화의 다리를 위해 하나의 토론의 광장을 펼치기로 했다.

이 대담에서 대화자들은《다리》지 창간의 의미를 세대, 사상, 학문 간의 가교로써 평화를 지향해야 한다는 데 이르기까지 보다 더 확장시키고 있다. 세대간의 갈등, 사회의 신뢰와 불신, 빈부의 차이, 민족과 국제 간의 문제에 이르기까지 '다리'가 상징하는 언로로서 '소통'의 의미가 다대한 것임을 밝힘으로써《다리》지의 성격 및 아이덴터티를 규정한 것과 같았다.

4. 월간《다리》지의 창간과 참여자들

《다리》지 창간의지를 가진 사람은 김상현 씨였다.

1968년 현역 국회의원이었던 김상현씨는 일본을 시찰한 적이 있었다. 일본 호카이도에서 오키나와까지 전지역을 돌아다니면서 재일교포들의 실태를 조사하고 돌아온 후, 국회에《재일동포 실태 조사보고서》(1968. 10.)를 제출하였다. 나중에는 이 보고서가《재일한국인》(1969, 어문각 간행)이란 책으로 출판되었다.

그런데 박정희 대통령이 이 책을 읽고 큰 감명을 받아, 책을 5천 권을 주문했다고 한다. 당시 경제기획원 장관이었던 김학렬 씨가 책값으로 지불한 6백만 원이 신민당 국회의원이었던 김상현으로 하여금 잡지 창간의지를 불러일으켰던 것이다.

김상현 의원은 편집 전문가인 윤형두 범우사대표에게 제안하여 월간 종합지《다리》지 창간을 제안했다. 윤형두(2011) 대표는 이 제안을 두고 훗날 '아이러니컬하게도 박정희 씨가 준 돈으로 그를 가장 신랄하게 비판하는 잡지를 만들게 되었다'고 회고했다.

월간《다리》지는 1970년 7월 29일자로 등록을 했다.

김상현 의원은 자신이《다리》지의 고문을 맡기로 하고, 윤형두 대표에게 발행인 겸 편집인을 제안하였다. 그러나 창간이 다가오자 정치인을 꿈꾸는 윤재식 씨의 이력이 필요하다는 이유로 고교동창인 윤재식을 발행인으로 내세웠다.《다리》지 초창기 발행인이었던 윤재식은 이 이력을 바탕으로 나중에 김대중 대통령후보의 공보비서로 일하게 된다.

실무를 모두 주관하게 된 윤형두 대표는 편집인 겸 주간으로서 창간부터 동분서주하였다.

그는 편집장으로 박창근을 채용하였다. 박창근은 서점운영과 직업사진가협회의 편집장으로 근무한 이력이 있었다. 취재기자는 소설가 최의선으로, 교열작업은 동국대 정치학과 4학년이었던 윤길한으로 그리고 영업은 서정연 부장을 채용하였다.

월간 다리사 사무실은 창간호 판권에 '서울특별시 종로구 도렴동 115 삼류빌딩 403호'로 명기돼 있다. 현재 광화문 세종문화회관 뒤편 자리인데, 당시에는 대성학원이 있어서 젊은이들이 점령한 젊음의 거리였다고 한다. 사무실은 바로 대성학원의 맞은편에 있는 삼류빌딩이었다. 이 삼류빌딩에는 문예출판사를 위시한 수많은 출판사가 있었고, 차범석이 이끌던 극단〈산하〉도 함께 있어서 당시에는 이 건물에 문인, 예술인, 학자들의 발길이 빈번한 곳이었다. 이를테면 문화자본 유통의 중심지 같은 곳에 위치했던 것이다.

창간호 판권에 명기된 전화번호가 75-1685, 75-7885인 것으로 보아 두 대의 전화 라인을 갖춘 것으로 짐작된다. 총 170면이었던 창간호의 가격은 150원으로 매겼다.

이로써 명실공한 창간 준비를 마치고 월간《다리》지는 1970년 9월 1일 발행한 창간호를 필두로 출범하게 되었다.

월간《다리》지는 창간호부터 지식인들 사이에 폭발적 인기를 누렸다. 자유당 정권을 무너뜨리는 데 선봉장 역할을 했던《사상계》가 필화사건으로 폐간된 지 4개월째였던 참이라 의견지에 대한 독자들의 갈증을《다리》지가 해소해주었던 것이나 다름이 없었다. 이러한 독자들의 해갈요구에 부응하여《다리》지는 창간으로부터 얼마 지나지 않아 3만 부가 넘게 발행되기에 이른다.

제 Ⅲ 부
월간《다리》지의 내용

1. 월간《다리》지의 잡지이념 형성

고문 김상현과 편집인 겸 주간 윤형두의 잡지이념 : 의견지로 창간

월간《다리》지는 창간 직전인 1970년 5월에 필화사건으로 폐간당한《사상계》와 일맥상통한 정신으로 창간되었다.

발행인은 윤재식이었으나 정치입문 이전의 이력 때문에 발행인을 맡아 했으므로, 실질적인 발행인은 편집인 겸 주간이었던 윤형두였다.

윤재식은 제3호까지 판권에 발행인으로 등장한다. 제4호였던 1971년 1월호부터 강위정이 맡다가 4월호부터 유인재가 맡아 했다. 이 시점은 실질적으로 모든 일을 주관했던 윤형두가 윤재식과 함께 필화사건으로 구속되어 있었으므로 발행인을 다른 사람으로 내세우는 것은 부득이한 일이었을 것이다.

윤형두는 1971년 5·6월호(제8호)부터 다시 편집인 겸 주간으로 복귀했음을 같은 호 판권에서 보여주고 있다. 이어서, 다음호인 1971년

7월호에 실은 '사고'를 통해 윤형두는 편집인으로 그리고 주간을 구중 서로 하는 사령내용을 알리고 있다. 창간 1주년호가 되는 1971년 9월 호부터는 지면쇄신을 하게 되는데, 이때부터 윤형두가 발행인 및 편집인을 맡아 하게 된다. 그러므로 《다리》지는 윤형두 개인의 잡지이념이 잡지의 편집방향을 결정했다고 보아도 지나침이 없다.

윤형두는 자서전 《한 출판인의 자화상》(2011)에 이렇게 적고 있다.

나는 구한말 잡지를 펴내던 우국지사들처럼 민중을 계몽하고 기울어가는 국운을 바로잡겠다는 심정으로 잡지를 간행해야 하며, 일제하에서 잡지의 발간이 곧 독립운동이라 여기면서 숱한 압수와 탄압을 무릅쓰고 잡지를 발간했던 선인들의 정신을 이어가야겠다고 생각했다. 또 때마침 이 무렵에 1952년 9월에 창간된 후 18년이란 긴 세월 동안 잡지의 대중화와 민중의식 계몽에 실질적인 공헌을 하고 자유당 독재정권을 무너뜨리는 데 큰 기여를 했던 《사상계》가 필화사건으로 폐간(1970년 5월)되었다. 나는 이 《사상계》의 투철한 민주정신도 이어가야겠다고 다짐했다.

이때의 '계몽'이란 개화기 때의 신문물에 대한 깨침과는 의미가 전연 달랐다. 앞에서도 언급한 바와 같이, 1969년 10월 삼선개헌안에 대한 국민투표의 가결을 두고 《사상계》를 중심으로 한 의견지의 논지가 대중을 민주시민으로 각성하기 위해서는 계몽이 필요하다는 계몽 프로젝트의 방향에 대한 관심이었음을 짐작하게 한다.

《다리》지 창간 1주년 기념호인 1971년 9월호에 특별좌담 '민주언론의 전열에 휴식 없다'에는 임중빈(문학평론가·《다리》지 기획위원)의 진행으로 김상현(국회의원·《다리》지 고문), 윤형두(《다리》지 발행인 겸 편집인), 윤재식(전 《다리》지 발행인), 박창근(《다리》지 편집장)이 참석하여 대담을 펼치고 있다. 이들의 좌담내용 가운데 《다리》지의 성격이 구체적으로 드러나고 있다.

임중빈: 우선 창간을 구상한 동기를 윤형두 씨 설명해주셨으면 합니다.

윤형두: 우리가 《다리》지 창간을 처음 구상하기는 1969년 말이었고, 판권 신청을 '4·19민주상'의 법인체 등록을 하면서 1970년 2월 문공부에 동시에 서류를 냈던 것이죠. 그런데 이 판권이 즉시 나오지 않고, 갖은 수난과 우여곡절을 겪은 다음, '4·19민주상'의 재단법인 신청서류는 일단 반류가 되고 지난 1970년 7월 29일에야 《다리》지의 판권이 나와서 가까스로 9월 창간호를 낸 것이죠.……

윤재식: 이 《다리》지로 말하면, 청년 정치가 김 의원이 뭔가 우리 사회에 가치 있는 일을 하겠다는 순수한 의욕에서 비롯된 것이죠. 문공부에서 판권을 내줄 적에 당적을 가진 사람의 글을 실어서는 안 되며 특정인물의 사진도 실어서는 안 된다는 조건부 허가였습니다. 이게 민주국가에서 있을 수 있는 일입니까?

임중빈: 처음에 김 의원께서 《다리》지를 창간하실 때의 구상은 어떤 것이었죠? 이 잡지의 이념 및 지향점이 되겠는데요.

김상현: 지금 우리나라에서 언론활동이라든가 보도기관의 본래기능이 마비된 실정에 있고 해서 진실을 보도하고 공정하게 평론할 잡지 매스콤이 요청된 것입니다. 부정을 고발하고 권력기관의 횡포를 비판하는 잡지의 필요를 느낀 때문입니다.

임중빈: 대화의 가교로써 민족의 활로를 개척하자는 뜻이 아니겠습니까?

김상현: 그러니까 지성인이 실제로 가사상태에 있는 게 아니냐 생각해볼

때, 그러한 침체현상은 국가장래를 위해서 대단히 불행한 일이기 때문에, 지식인으로 하여금 사회참여를 할 수 있는 가교적 역할을 함으로써 우리《다리》지가 새로운 바람을 일으켜야 하겠다는 의도에서 제호를 《다리》라 했던 것입니다.

이상의 대담에서 드러나듯이《다리》지의 성격은, 당시의 언론이 국민의 알권리를 충족하지 못함으로써 제 기능을 못하는 억눌린 현실을 극복하고 진실을 보도하고 공정하게 평론하는 잡지 본연의 기능을 수행하는 잡지임을 알 수 있다. 더불어, 억눌리고 침체된 지성인의 의견을 펼칠 수 있는 공론장을 마련함으로써 지식인의 사회적 참여를 이룰 수 있도록 '대화의 가교로써 민족의 활로를 개척'하는 역할을 수행하려는 창간의도를 알 수 있다.

이로써 종합교양 월간지를 표방한《다리》지는 의견지의 성격을 갖고 창간하였던 것이다.

잡지이념 형성에 있어 공론장의 역할과 지식인

《다리》지는 보수적 인사도 의견을 피력하였지만, 주로 비판적 인사들이 필진으로 구성되어 있어서 사실상 야당지나 다름이 없었다. 리영희, 한승헌, 김지하, 박현채, 김동길, 장을병 등 당대를 풍미하는 지식인들이 필봉을 휘둘렀으므로 공론장으로서의 의견지에 목말라했던 독자들에게는 희망의 메시지였다. 박정희 정권이 3선개헌을 필두로 독재의 본성을 본격적으로 드러내던 시기와 맞물렸던 때라 더더욱 독자들에게는 의견다운 의견, 알권리를 충족하고 오피니언 리더들의 견해를 담은 의견지가 필요했던 것이다.

당시 의견지로서 《창조》와 《씨ᄋᆞᆯ의 소리》가 함께 발행되고 있었다. 이 가운데 군부독재를 가장 혹독하게 비판한 것은 《다리》지였다.

《다리》지 창간호에 등장하는 필진을 보면 〈표 8〉과 같다.

〈표 8〉의 창간호 필진을 보면, 당대뿐 아니라 이후에도 오피니언 리더로서 국민의 정신적 지주를 해온 석학들로 채워져 있음을 볼 수 있

<표 8> 월간 《다리》지 창간호의 구성내용과 필진

구성		필자
특집 대담	대화의 가교 '너와 나의 다리'	이희승 천관우
특집 1	한국·오늘과 내일 / 오늘에서 내일을 본다 '고도성장과 고압 빈곤화' '노동문제를 통해 본 사회복지' '한, 미, 일 삼각관계의 문제점'	임종철 탁희준 민병기
특집 2	한국·오늘과 내일 / 내일에서 오늘을 본다 '서기 2천년에서 본 70년대의 한국' '밖에서 본 한국'	이항녕 정연희
의견	나의 반전反戰 선언 젊은이의 영토 지훈芝薰의 시와 인간 세르방 슈라이버의 경륜	이병주 김병익 박두진 김붕구
연재	연재 에세이　　　'고자鼓子문화론' 이색 애정기　　　'은어의 모정' 이어령 칼럼　　　'우리들의 청춘문화' 한국근대인물평전　'최시형의 생애와 사상' 이달의 캠페인　　 '하나같이 뭉쳐야 산다	박승훈 정문기 이어령 최동희 김경래
만화	'뭐냐?' 해외만화　'환경오염"	허 어 남재희 (선)
시	서울 신문기자	김광섭 강인섭
서평	「성북동 비둘기」와 「동천冬天」	김현승
소설	방귀소리	남정현
서한문	서울에서 지방에 보내는 편지 지방에서 서울에 보내는 편지	염기용 손석기
화보·글	보람에 산다① 시인 김소영 씨	박설수

다. 특히, 소설가 남정현은 당시 자신의 소설〈분지糞地〉필화사건으로 재판중이었음에도 소설〈방귀소리〉를 게재했던 것이 눈에 띈다.《다리》지 창간호에 실렸던 소설〈방귀소리〉는 세태를 신랄하게 풍자한 내용이었다.

《다리》지에 의견을 전개해나간 필진을 조사하면〈표 9〉와 같다. 이 표에는 특집을 가장 우선순위에 놓고 보는 것이《다리》지의 이념을 대변하는 것으로 간주, 특집기사를 우선적으로 살펴보기로 한다. 특집기사와 권두언 또는 권두논문은《다리》지의 성격을 직접적으로 들여다볼 수 있어서이다. 그리고 무엇보다, 각계의 의견을 담은 원고가《다리》지를 실천적 지식인의 공론장인 의견지로서 자리매김하게 했던 것으로 보인다.

〈표 9〉에서와 같이 월간《다리》지의 필진은 당대를 풍미하던 오피니언 리더로서의 석학들로 화려하게 구성되었음을 알 수 있다. 진보와 보수, 비판과 이해 등 양단의 의견을 잇는 가교의 역할을 하고자 했으므로 자연 필진이 수적으로 화려할 수밖에 없었다. 이들 필진은 지식인의 미디어 실천의지를 의견지인《다리》지에 담았고《다리》지는 기획의도에 맞는 필진을 구성함으로써 잡지의 창간의도를 발전시켜 나갈 수 있었다.

특히, 김대중 신민당 대통령후보의 두 차례에 걸친 특집 대담기사 (1971년 12월호 하버드 대 E. 라이샤워 교수와의 대담 / 1972년 9월호 김동길 교수와의 대담)와 1971년 12월호에 기고한 의견 '정보정치는 항쟁을 낳는다'는 글을 위시하여 주로 권두언을 쓴 김상현 신민당 국회의원의 글 등은《다리》지의 성격을 규정하고 있다.

이와 같은 비판 커뮤니케이션을 담지한 의견지의 필요는 무엇보다

<표 9> 월간《다리》지 필진

구분 호	특집 대담·방담	특집	권두	의견	연재	서평 /시사	시	서한문/ 수필	소설	만화	화보· 글
창간호 1970. 9.	이희승 천관우	임종철 탁희준 민병기 이항녕 정연희	(창간사) 윤재식	이병주 김병익 박두진 김학구	박승훈 정문기 이어령 최동희 김경래	(서평) 김현승	김광섭 강인섭	염기용 손석기	남정현		박설수
제2호 1970. 10.	J. M. 베크먼 이홍구	최창규 홍순옥 이정식 윤근식	(논문) 김성두	장을병 김진만 박무일 김은우	이어령 박승훈 유홍렬 김경래	(서평) 임헌영	김현승 정공채	권영자 오 영	정을병	허 어 남재희	
제3호 1970. 11.	C. 아그노엘 조자룡	남재희 임중빈 정세현 이영일	(논문) 안병욱	신상초 이규호 황문수 박연구 박기원	이어령 박승훈 정광호 김경래	(시사) 김종하 김진현 김은구 정봉화 조동표	홍윤숙 윤금초	황점석 전인수	송상옥		
제4호 1971. 1.	김상현 윤형두 탁희준 장을병 정을병	양호민 김성두 지명관 송건호	(논문) 선우휘	박권흠 이희준 김경광 이상두 김현식 김병익 구중서 김소운 박치원	이어령 박승훈 전택부 김경래 최기철	(서평) 강인섭	이동주 박봉우 김춘석		신상웅		
제5호 1971. 2.	이항녕 임중빈	이병린 이종호 탁희준	(논문) 장을병	구대열 김희보 신동한	이어령 민병산 백낙준 김동리	(시사) 김용태 박재권 장병칠 권영자	김소영 배태인 김지하	이동배 심상곤	하근찬	허 어 이남규	
제6호 1971. 3.		천관우 최창규 표문태	(논문) 김재준	이동배 손진규 김현식 이수언	김정남		조태일		신석상	허 어 권성국	
제7호 1971. 4.	양호민 지명관 홍순옥	노명식 이시재 이화수	(논문) 손우성	송건호 김소영	김정남 이병도 이동배 조광해		이만근 서 벌 정지하				(사) 4·19 민주상
제8호 1971. 5·6월호.	이호철 남정현 전덕용 이정수 조봉연 박오진	주종환 황민영 김강현	(논문) 윤 식	선우휘 주명환 김병채	이대영 조광해 이동배 배태인		김광섭				
제9호 1971. 7.	김대중 E. 라이샤워	신익호 박용숙 배 용	지명관	정가은 김점곤 이정식			홍윤숙 김지하	(수필) 장선영 공덕용			

구분 호	특집 대담·방담	특집	권두	의견	연재	서평/시사	시	서한문/수필	소설	만화	화보·글
제9호 1971. 7.		안현수		장을병 김낙중 박태순				이경희			
제10호 1971. 8.	신상초 양호민	송철원 전인재 조용범	편집자	신도성 박동운 노명식 조동필 장종원 지명관 임헌영	김소운			(수필) 장현태 윤재천 박연구	백시종		
제11호 1971. 9.	김상현 임중빈 윤형두 윤재식 박창근	양흥모 김준희 박태근 이영희 A. 도크 바네트 윌리엄 뷰러 차인석 송건호 박 실 한상범 이문영 박현옥	편집자	최요환 장을병 김세원	김소운 오영진 박순천		이상화 주성윤	(수필) 김상선 손충무	정을병		
제12호 1971. 10.	안병욱 정용석 진덕규 지명관	(권두언) 이항녕 (권두시) 박봉우	조항록 이병용 김도현 이병린 백기완 김경룡 윤정규 설창수 권일송 김춘봉 선우진 장원종 유인호 임희섭 김병익 이종호 신동엽	조용범 조윤형 김소운 차주환 박순천			(수필) 진인숙 장백일 심재언	박용숙 (연재) 남정현		
제13호 1971. 11.	남재희 노명식	(권두언) 김상현	이병린 김경광 한완상 이성규 한국 기독교	박순천 김소운		김광섭	(수필) 남광우 정봉구 박용주	(연재) 남정현 (희곡) 김지하			

구분 호	특집 대담·방담	특집	권두	의견	연재	서평/시사	시	서한문/수필	소설	만화	화보·글
				장로회 총회 정가은 홍종혁 김갑생 최일수 오호근 박현채 강광식 김열규 함석헌 윤태림							
제14호 1971. 12.		정용석 우재승 이승헌	(권두언) 김상현	김동길 김계수 전해종 최창규 이규창 김낙중 김대중 홍기삼 어윤배 장원종 장을병 조용범	박순천 김소운		문덕수	(수필) 박문하 박찬계 박평주	한문영 (연재) 남정현	정운경	
제15호 1972. 1. 자진휴간호		유인호 김민채 정윤형 심상필 박현채	(자진휴간사) 김상현	안치순 송철원 신익호 신상초 이영호 양홍모 이중범 김동욱 고영복 이중재 송완영	박순천 김동길 장덕순 곽복록	(르포) 신동식	권일송	(수필) 원응서 김보수 윤홍로	유승휴		
제16호 1972. 4. 복간호		황문수 주요섭 손우성 구중서 민희식	(권두언) 김상현 (논문) 이병린	조용범 양동안 이중범	김동길 박순천 김광섭		박지수		윤정규 (노벨수상작) 이회성		
제17호 1972. 5.	김상현 E. 라이샤워	안병욱 김종호 김우	(권두언) 김상현 (논문) 김재준	박종율 이택돈 박현채 윤 현 이영희 박용숙 정진석	박순천 김광섭		이봉래 유강환 민윤기	(수필) 서정범 박연구			

구분 호	특집 대담·방담	특집	권두	의견	연재	서평 /시사	시	서한문/ 수필	소설	만화	화보· 글
제18호 1972. 6.		지명관 김 덕 김윤수 신상웅	(권두언) 김상현 (논문) 장을병	김상선 박노준	양수정 박순천				이문구		
제19호 1972. 7.		양동안 염무웅	(권두언) 김상현 (논문) 박상래	정용석	이상두 양찬규 박순천		김광섭 천상볍		(노벨 수상작) 이회성 신석상		
제20호 1972. 8.	김병기 박길자 박인주 여성택	황성모 김용덕 현영학 황문수	(권두언) 김상현 (논문) 김동길	이이화 한승헌 윤 현 최서면	송지영 한남규 박순천		김광협 정현종 정중수	(수필) 박봉우 차동식 한태석 장영창			
제21호 1972. 9.	김대중 김동길	이병린 이문구 구중서 강신명 김경래 김은우 김 철 김춘봉 문덕수 박 실 백 철 서민호 신상초 여성택 유강환 윤 현 이동화 이 인 이태영 이항녕 장을병 전 육 지학순	(권두언) 김상현	김윤곤 이종수 이우재 이문영 이병용 김동길 천관우 유진오 함석헌	이성규 박순천		신경림 김소영 권일송		(희곡) 김지하		
제22호 1972. 10.	김성식 천관우 차인석	황성모 김계수 김성두 정윤형	(권두언) 김상현	최석채 김도현 최혜성 한승헌 윤 현 홍사덕	김 철 장두성 박순천		김선영 김양식 김여정 김지향 김초혜 김혜숙 김후란 문정희 박정희 신동춘 유안율 임성숙 조순애 추영수 허영자				

* 출처 : 월간《다리》영인본 제1권~제10권.

당시의 정치적 컨텍스트가 배태한 불행한 현실 때문이었다.

2. 월간《다리》지의 내용

권두언

한 잡지의 성격 및 방향 그리고 발간정신은 권두언에 담겨 있다. 신문의 성격을 알기 위해서는 그 신문의 사설이 대변하는 것과 같다. 월간《다리》지에도 이와 같은 권두언을 구성하고 있었는데, 처음부터 권두언을 마련하고 있지는 않았다. 창간호의 '너와 나의 다리'라는 대담(이희승, 천관우)을 통해 창간이념을 밝히고 있고, 이후로 권두대담, 권두방담 등 의견으로써 구성하였으며, 때로 권두논문이 등장하기도 했다. 이처럼 유명 지성인들을 화자로서 또는 필자로서 권두에 내세움으로써 '너와 나의 가교'라는 역할, 세간의 의견을 집약하는 매체로서의 역할을 충실히 전개하고 있었다.

그러다가 1971년 7월호부터 '권두언'이 등장하기 시작하였다. 1971년 7월호의 권두언은 필자 지명관의 '5·25 총선의 사상사적 의미' 그리고 1971년 10월호에 필자 이항녕의 '국민총화의 광장을 위하여'에서와 같이 청탁한 권두언이 등장하였다.

그러다가, 1971년 8월호와 9월호에서는 필자명 없이 '반공법 보안법의 재고' 그리고 '광야에 외친 정론 1년'을 무기명으로 내놓았다. 이 무기명은 바로 잡지 편집인의 의견이라는 암묵적 의미이다. 주제에서 보여주는 바와 같이 무겁고도 결코 쉽게 할 수 없는 절대권력에 대한

<표 10> 권두언, 권두의 대담, 방담, 권두논문을 통해 본 월간《다리》지의 성격 및 의견, 편집방향

편집방향	구분	타이틀	필자	호
창간방향	대담	너와 나의 다리	이희승·천관우	창간호
민주 언론	권두언	광야에 외친 정론 1년		1971. 9월호
	〃	'다리'지 하나만은 빼앗기지 말도록	박종률	1972. 5월호
	〃	출판의 자유는 누구도 꺾을 수 없다	이택돈	〃
	좌담	민주언론의 전열에 휴식 없다	김상현·임중빈·윤형두·윤재식·박창근	1971. 9월호
절대권력 비판	권두언	반공법 보안법의 재고		1971. 8월호
	〃	탄압은 저항을 낳는다	김상현	1971.11월호
	〃	항의하는 시민의 시대	〃	1971.12월호
	〃	민중의 분화구는 꺼지지 않는다	〃	1972. 9월호
	권두논문	역사와 자유	손우성	1971. 4월호
	〃	그리스도교는 반혁명적인가?	박상래	1972. 7월호
	자진휴간사	침묵을 강요하는 시대에의 응답	김상현	1972. 1월호
	대담	통제받지 않는 권력은 악이다	김대중·김동길	1972. 9월호
민주주의· 민주시민 정신	권두논문	지성과 행동의 이율배반	안병욱	1970.11월호
	〃	4·19의 참정신	김재준	1972. 5월호
	권두대담	자유민주주의의 길	이항녕·임중빈	1971. 2월호
	권두방담	71년도는 지성인이 용기를 가질 때	김상현·윤형두·탁희준·장을병·정을병	1971. 1월호
	〃	한국의 정치풍토와 선거	양호민·지명관·홍순호	1971. 4월호
	〃	지성은 살아 있나?	이호철·남정현·전덕용·이정수·조봉연·박오진	1971. 5·6월
정치·사회	권두언	5·15총선의 사상사적 의미	지명관	1971. 7월호
	〃	국민총화의 광장을 위하여	이항녕	1971.10월호
	〃	4·19 열두 돌과 복간	김상현	1972. 4월호
	〃	5·16 열한 돌을 맞아	〃	1972. 5월호
	〃	우리는 무엇을 할 것인가	〃	1972. 6월호
	〃	국민 동질화의 역행은 민족통일의 방해 세력이다	〃	1972. 8월호
	〃	내일을 위한 희망의 정치	〃	1972.10월호
	권두논문	민족주의의 바탕	김재준	1971. 3월호
	〃	국회의원론	윤 식	1971. 5·6월
	〃	8대 국회의 건강진단	이병린	1972. 4월호
	〃	대중 정치참여의 허와 실	장을병	1972. 6월호
	〃	청교도혁명의 역사적 의의	김동길	1972. 8월호
	대담	반공한국과 아시아의 내일	김대중·라이샤워	1971. 7월호
	〃	한국 안보의 자세와 방향	김상현·라이샤워	1972. 4월호

편집방향	구분	타이틀	필자	호
	좌담	통일에 대처할 의지와 지혜	베크먼·이홍구	1970.10월호
	〃	민족·역사·외세—20대의 8·15관	김병기·박길자·박인주·여성역	1972. 8월호
외교·국제	권두대담	닉슨의 북경방문과 한국의 전도	신상초·양호민	1971. 8월호
문화	권두언	자기 묘혈을 파는 문화인들	김상현	1972. 7월호
	권두논문	문화적 사대주의와 문화적 쇄국주의	선우휘	1971. 1월호
	대담	문화, 그 전통과 아집	아그노엘·조자용	1970.11월호

강도 높은 비판의 의견이었다. 이때부터 월간《다리》지의 편집방향은 역사의식과 민주의식이 더욱 또렷해지기 시작한 시기였다.

1971년 11월호부터는 '권두언'에 필명 '김상현'을 밝히기 시작하여 편집고문이 권두언을 담당하기 시작하였다.

월간《다리》지의 성격 및 의견, 편집방향을 극명하게 보여주는 권두언 및 권두의 대담, 방담, 권두논문을 모아 그 주제를 살펴보면 〈표 10〉과 같다.

절대권력에 대한 비판

1970년 11월호의 권두논문에는 안병욱의 '지성과 행동의 이율배반'이라는 글이 실려 있다. 그는 글 속에 책임감 있는 지성知性은 문제의식을 해결하기 위한 결단과 행동 간의 이율배반의 부조리를 이율조화의 정도正道에 접근하도록 해야 함을 강조하였다. 그러기 위해서는 한국의 지성이 덕성德性을 추구할 것을 언급하였다.

> 한국의 지성의 비극은 덕성이 없는 지성의 비극이다. 지성과 동시에 덕성을 갖는 인간을 우리는 양식인良識人이라 칭한다. 양식인과 지식인은 구별

되어야 한다. 현대 한국의 지식인이 왜 타락하고 품위가 없고 권위를 상실했는가. (중략) 한국의 지식인들은 우리 사회에 대해서 얼마나 강한 책임의식을 느끼고 있는가. (중략) 나는 지성이 성실과 용기와 책임의 덕성을 갖출 것을 강조했다.

같은 호인 1970년 11월호에는 이어서 특집으로 '세계사조와 학생운동'을 다루고 있다. '학생과 학원, 그 오늘의 모습'(필자 남재희), '사회참여를 통한 학생운동'(필자 임중빈), '한국 학생운동의 반 세기'(필자 정세현), '서구 학생운동의 흐름'(필자 이영일)을 담고 있다.

이 가운데 한국 학생운동의 현황과 문제점을 지적하면서 나아갈 방향을 제언한 임중빈의 글은 당시 정권에 의한 필화사건의 빌미가 되었다.

한국의 학생운동 반 세기는 민족주의와 민주주의의 금자탑이었다.

그러나 우리의 현황은 어떠한가. 학생운동 부재의 암울한 동면기를 맞이하여 민권회복이라는 자유화의 쟁취 못지않게 실질적인 근대화 작업이 아울러 촉진되어야 할 중대한 시기에 일반 지식층의 퇴조현상에 발맞춰 학생층도 온갖 무기력의 갈등을 보인다. (중략) 우리의 학생운동은 새로운 문화운동으로 그 차원을 달리해야 하는바, 부패하는 세대를 이해를 할망정 용납해서는 안 되며, 전근대적인 낡은 요소의 완전한 청산과 민족복지 사회의 이념을 확립하는 방향으로 학생운동의 진로를 스스로 개척하는 십자군이 될 수 있어야 한다.

1971년 1월호에는 김상현(국회의원 /《다리》지 고문)의 사회로 윤형두

《다리》지 주간), 탁희준(성균관대 교수), 장을병(성균관대 교수), 정을병(작가)의 정치·경제·사회 전반에 걸친 방담放談을 통해 이 시대의 지성인이 바라보는 사회문제의 시각 그리고 정치적 의견을 담았다.

이들이 내놓은 비판적 시각과 의견을 정리하면, 다음의 요목과 같다. ①교육과 언론 등으로 이어져 파급되는 비상식이 상식을 지배하는 불행한 사고로부터 벗어나 상식을 지키는 것은 양심을 지키는 것이다. ②'비굴에서 해방하자'라는 캐치프레이즈를 걸고 캠페인을 벌이자. ③전태일 사건으로 상징되는 사회계층 구조의 문제가 심각하다. 중산층 이상 15%, 중산층 20%이고 65%가 하층구조인 우리나라의 현실로부터 가장 이상적인 다이아몬드 형 구조(고소득층과 저소득층이 적고 중산층이 가장 많은 유형)로 변화해야 한다. ④현대는 지성인이 용기를 가질 때이다. ⑤전태일 사건 이후 부상된 노사문제, 노동문제에 대한 법적 개선문제가 시급하다. ⑥정권유지에 힘쓰기보다는 사회의 부패된 병리를 치유하는 데 치중해야 할 때이다.

1971년 1월호에 각계의 명사들로부터 새해 앙케이트에 대한 응답을 수집한 내용을 30~44쪽에 걸쳐 게재하였다. 이 가운데 맨 처음으로 김대중 전대통령의 응답이 실려 있는데, '①새해의 최대과제'에 대한 의견을 다음과 같이 피력하였다.

① 평화적인 정권교체다. 그 이유는, 첫째 공산주의에게 승리하고 국민의 참된 행복을 이룩하는 민주주의의 발전은 국민의 표에 의한 정권교체를 통해서만 가능하며, 둘째 지금 우리가 직면한 모든 부조리와 부정의 시정도 이제는 정권교체라는 근본의 해결 없이는 불가결하기 때문이다.

1971년 7월호는 4월 27일 있었던 총선을 계기로 '현실참여'에 대한 역사를 새로 쓴 계기라는 점에서, 각계의 입장을 다룬 특집 '우리는 왜 행동을 택했나'를 실었다. 이 특집의 필진은, 신익호(초동교회 목사)의 '민주의 십자가 메고·목사의 입장에서', 박용숙의 '문학은 원래 참여다? 작가의 입장에서', 배룡의 '선량한 시민의 투쟁·청년의 입장에서', 안현수의 '역사가 명령한 산 공부·학생의 입장에서' 등으로 구성되었다.

이 글에서처럼 민주수호국민협의회, 청년회, 학생회, 기독청년회에서 선거에의 참관제의를 했고, 이를 문교부에서 수용한 이례적인 '참여'가 이루어졌던 4·27 총선의 역사적 배경이 '참관기'에 해당하는 글을 통해 기록되어 있다. 안현수는 학생의 입장에서 참관보고회를 치른 후에 "4·27은 원천적인 부정선거" "소리 없는 부정선거"라는 배경을 하나씩 나열했다.

1971년 7월호에 라인홀드 니버의 '권력구조론―정의와 폭정에 대하여'를 게재하고 있다.

> 강압적 권력은 전체사회에 의해서 성립되고 전체사회에 대해서 책임을 지는 한에서만 가능하다. 강압적 수단을 제한하는 가장 합리적인 방법은 그 수단을 이기적 목적을 위해 사용하지 않을 공정함에 있다. (중략) 인류의 전체역사를 통해 볼 때, 권력이 집단 내부의 무정부 상태를 막아낼 수 있어도 집단 간의 그러한 상태를 오히려 촉진시킨다는 사실이 얼마든지 입증되고 있다. 모든 사회집단은 다른 집단을 억압하고 착취하려는 경향이 있는데 지도자나 특권계급의 야욕으로 인해서 그 경향은 더욱 심화된다.

라인홀드 니버는 '폭정을 무너뜨린 정의가 내일은 다시 폭정으로

화할 수도 있다'는 논의로 글을 마감하고 있다. 이 글은 당시 요구되었던 절대권력 비판론적 시각보다는 좀더 유연한 관점을 갖추고 있음을 알 수 있다.

1971년 8월호의 권두언에는 '반공법·보안법의 재고'라는 글이 실려 있다. 이 글 뒷부분에는 정권의 악용에 대한 매우 강한 경종을 울리는 내용을 담고 있다.

> 민중에게 심부름할 권리를 맡은 집권당이란 것이 항상 부정부패를 저지르고, 국민의 부를 독차지하고, 그것을 지키기 위해 독재적 수법으로 영구집권욕에 혈안이 된다. 그리고 이 독재적 수법에 제1의 미끼가 되어온 것이 항상 반공법, 국가보안법이었다.
> 그 결과로서는 언론탄압, 공산권 연구의 부진, 공산주의 비판기능의 약화 현상을 초래하기도 했다.
> 북한의 그와 같은 민주역량 전면부재에 견주어, 대한민국은 오직 집권층의 불의의 횡포를 종식시키는 일이 요청된다. 이 집권층 불의만 종식되면 반공은 저절로 승공이 된다.
> 오늘날과 같은 국제정세의 변혁기에 우리는 되도록 헌법의 기능을 존중하고 그 외의 반공법, 보안법은 대폭 완화하든가, 최소한 이 비상법들이 악용되는 사례를 근절시켜야 할 것이다.

1971년 11월호는 이병린 변호사의 '절대권력은 절대 썩는다'를 필두로 전개하고 있다. 필자는 우리나라 행정권이 필요 이상으로 강화되어 있고 타 권력이 약화되어 있는 행정권의 절대화 현상을 지적하였다. 그리고 이를 효과적으로 방지하기 위해 부정선거부터 뿌리 뽑을 것을 강조하였다. 국민에게 자치와 자유를 허용하고 행정권의 절대화 현상에 합리적 한계선을 그어서 부조리를 제거하여야 한다는 의견을 강력하게 제시하였다.

1971년 12월호 송년호에는 과감하게 '1971년 시국선언 10장'을 게재하고 있다. 이로써 《다리》지는 군사독재 정권 아래에서도 민주 정론지로서 그 소임을 다하고 있음을 한눈에도 알 수 있었다. 1971년 한 해 동안 있었던 10건의 시국선언문을 그대로 게재했는데, 그 제목과 시국선언문을 채택한 단체만을 추출하면 다음과 같다.

1. 연행학생을 즉각 돌려보내라—서울대학교 총학생회(1971년 4월 10일)
2. 민주자유언론 수호선언—《동아일보》기자 일동(1971년 4월 15일)
3. 국민적 참여를 호소한다—민주수호국민협의회(1971년 4월)
4. 선거법을 즉시 개정하라—4·27선거 문인참관인단(1971년 5월)
5. 일본의 신군국화를 배격한다—민주수호청년협의회(1971년 7월 15일)
6. 사법부의 투쟁은 정당하다—민주청년협의회(1971년 8월)
7. 부정부패자는 물러가라—천주교 원주교구(1971년 10월 5일)
8. 학원 자유화를 철저히 보장하라—서울대학교 문리과대학·법과대학·상과대학 학생회대의원회
9. 무장군인 학원난입을 규탄한다—고대총학생회·서강대총학생회·서울대총학생회·성대총학생회·연대총학생회
10. 학원탄압 상상도 못할 일—민주수호국민협의회 대표위원 김재준·이병린(1971년 11월 8일)

1972년 1월호에는 외압으로 인해 휴간할 수밖에 없는 상황에 처한

호이다. 그럼에도 《다리》지는 '후진국 부정부패의 생리' 상편을 실었다. 필자인 이영호(한국정책개발원장·미 조지아대 정치학과 조교수)는 '부정부패'를 한국사회가 미개발 상태를 벗어나기 위해 해결해야 할 중대문제로 진단하였다.

한국사회가 당면한 중대문제 중 하나로 자주 거론되는 것이 바로 이 부정부패의 문제이다. 신문이나 잡지에서 이 문제를 크게 취급하고 있는 것을 볼 수 있으며 지식인들이나 학생들의 대화에서 늘 개탄의 대상으로 등장한다. 지난 봄의 대통령과 국회의원 선거에서도 부정부패가 가장 중요한 선거쟁점으로 부각되었고 (중략) 종교인들이 이 문제를 가지고 시위를 했으며 얼마 전 대학생들이 데모를 할 때도 그 쟁점의 하나가 바로 부정부패 문제였다.

필자는 부정부패야말로 미개발 상태로 지체됨을 주장하고, 부정부패가 초래하는 정치적 불안정을 강조하는 아롱Raymond Aron 교수와 맥멀런의 견해를 다음과 같이 인용하였다.

1. 사회정의의 실패 — 부정에 가담 못하는 선량한 시민이나 관리가 부정의 희생이 된다.
2. 시민의 정부불신 — 부정부패란 부정직을 규범으로 삼기 때문에 정부와 시민 간에 상호불신이 일어나고 나아가서는 사회 전반적인 불신풍조를 낳는다.
3. 공공자원의 낭비 — 필요 없는 데 다리가 서고 정부공사에 쓰여야 할 자료가 관리의 풀장 만드는 데 쓰인다.

4. 기업, 특히 외국기업의 방해 ― 기업을 합리적으로 경영해서 돈을 벌려는 생각보다 부정으로 이익을 보겠다는 심리가 작용하기 때문에 부실기업이 속출하며 이런 부실기업의 풍조는 외국자본의 입국을 막는다.
5. 억압적인 정치 ― 부정부패에 대한 비난을 막기 위해서 정부는 억압적인 방법을 쓰며 정부에 대한 지지의 결여를 억압으로 보충하려고 한다.
6. 정부의 정책자유의 제한 ― 부정부패를 늘 고려에 넣어야 하기 때문에 정책행동의 자유가 제한된다.

'후진국 부정부패의 생리' 다음편은 《다리》지의 2·3월호 휴간으로 이어지지를 못했다. 휴간에 따르는 언론탄압의 국면을 짐작하게 한다.

1972년 4월호가 4·19를 앞두고 복간되었다. 《다리》지의 탄압을 짐작하게 하는 김상현 고문의 권두언은 독자로 하여금 저절로 행간읽기를 하게 했다.

필자 이병린(변호사)은 권두논문 '8대국회의 건강진단'을 통해 의견을 유감없이 밝히고 있다. 그는 여·야를 막론하고 국회의원에 대한 진단을 '재선병 환자'로 내리고 본분을 다해줄 것을 지면을 통해 꾸짖고 있었다.

1972년 6월호에는 '국회 프락치 사건 판결문'과 '전 서울대생 내란음모 사건'이 실려 있다. 서울지방법원 형사부에 제출한 진언서와 공소장 그리고 변론서 등을 전재함으로써 사건 자체가 각본에 의한 것임을 알리고 있다. '전 서울대생 내란음모 사건'의 1972년 5월 1일 변호인 이병린이 서울형사지방법원에 제출한 변론서 결론부분을 보면, 당시의 정부가 어떤 조작을 통해 핍박을 가하려 했는지가 낱낱이 드러난다.

　피고인들은 당 공판정에서 이 공소사실은 '제3의 각본'이라는 것을 주장하고 검찰관에 대하여 검찰의 위신을 위하여 공소를 취하할 것을 정면으로 요구하고 공소를 취하하지 않는다면 단식투쟁을 하겠다고 선언한 후에 72년 2월 21일부터 3월 13일까지 단식투쟁을 했던 것입니다.
　위에서 이른바 제3의 각본이라는 것은 피고인들 주장에 의하면 처음에는 신민당의 지령을 받은 것(주: 제1의 각본)으로 피고인 이신범을 문초했다는 것입니다.
　그것이 근거가 없어지자 민주수호국민협의회의 조종에 의하여 동회에서 200~300만 원을 받아가지고 혁명운동을 한 것(주: 제2의 각본)이라고 문초를 당하다가 그 근거가 없어지자 본건과 같은 공소사실(주: 제3의 각본)로 굳어졌다는 것입니다.
　그래서 피고인 이신범은 본건 공소사실이 '제3의 각본'에 의한 것이라고 주장하고 있습니다.
　만약 본건 공소가 사실에 입각한 것이라면 무엇 때문에 이른바 제1각본, 제2각본이 필요했던 것이며, 또 무엇 때문에 혁명위원회 도표를 피고인들에게 제시하면서 피고인들의 자백을 강요하며 진술서를 작성케 할 필요가 있었던 것입니까?
　이 점만 가지고 본다 할지라도 본건 공소가 얼마나 사실무근한 것인가 하는 것을 알 수 있다고 생각하는 바입니다. 피고인들이 단식을 하던 당시에 변호인들에 대하여 그 심정을 고백한 사실이 있습니다. 그에 의하면, 피고인들은 단식을 하다 죽는 한이 있더라도 우리 후진들에 대해서만은 다시는 이러한 비인간적 처우를 하는 일이 없도록 하자는 데 그 주목적이 있다고 했습니다.

이어서 1972년 7월호에 '전 서울대생 내란음모 사건 판결문'이 실렸다. '조영래, 심재권을 각 징역 3년에, 동 이신범, 장기표를 각 징역 4년에 처한다'는 것이 최종판결이었다. 이 지면에서 편집자 주에 '과연 이들에게 내려진 계벌이 타당한 것인지……'라는 의구심을 담아 게재 이유를 설명하고 있다. 판결문의 마지막 항목인 '국가보안법 위반에 대한 판단'을 전재하면 다음과 같다.

검사는 피고인들의 판시(1)가, 및 피고인 이신범 등 장기표의 판시(1)나, 사실에 대하여 피고인들이 국가를 변란할 목적으로 결사를 구성한 것을 음모하였다고 주장하고 여기의 결사란 위 혁명위원회를 의미한다고 특정하고 있는바 공소장의 기재에 의하더라도 위 혁명위원회는 국가를 변란할 목적으로 구성하려던 것이 아니고 현 정권이 타도된 후의 질서유지를 위한 목적으로 구성하려던 것이 분명하므로 검사의 이번 기소는 형사소송법 제35조 전단의 피고사건이 범죄로 되지 아니하는 경우에 해당하나, 이는 판시 내란음모죄 및 폭발물 사용 음모죄와 상상적 경합관계에 있으므로 따로 주문에서 무죄의 선고는 하지 아니한다.

1972년 9월호는 《다리》지 창간 2주년을 맞아 특집을 '한국 민주주의의 점검'이라는 타이틀 하의 기획을 했다. 이 가운데, 필자 이병린(변호사)의 '주권은 빼앗기고 있다'에서 국민의 주권, 즉 선거·입법·행정·사법권 행사에 있어서 참여권한을 빼앗기고 있는 현실에 대한 의견을 낱낱이 전개하고 있다.

이어서 필자 이문영(고려대 교수·정치학)의 '부조리에의 항거'를 통해 우리 사회 부조리의 근거를 열거하고, 정부가 할 최소한의 일 그리고 국민이 시작할 수 있는 일 또한 열거하였다. 이문영 교수의 글을 요약하면 다음과 같다.

정부가 할 최소한의 일 ;

정치면—민주공화당의 '야당을 도우며 후계자를 육성한다'는 약속의 이행.

경제면—경제계획을 뒷받침하는 세제 및 공무원제도의 개혁 필요. 민간 주도 일에 간여하지 않는 자본주의적 체계.

엽관주의 인사 지양.

문화면—철저한 정치·종교의 분리.

대학의 중립화. 대학생들의 데모에 정부-대학생 모두 몸을 다치는 것은 바람직하지 않다. 정부의 이데올로기 투입 시도는 현명하지 않은 처사

국민이 시작할 수 있는 일 ;

(1)국민 스스로 할 수 있는 일은 국민이, 사회적 규율이 약하면 그 틈을 타 정치적 강제규율이 찾아온다.

(2)우리 문제 해결할 이론을 국민이 만들어낼 것. 민간 연구소, 대학, 종교단체의 자각 필요.

(3)이이부동利而不同의 정신 필요.

(4)체제의 회개를 촉구하는(권력남용을 견제하도록 촉구하는) '불가피한 상황'을 만들든지, 이를 만드는 자를 도울 것.(노조는 친체제적이며 타협을 운영의 정신으로 삼는다. 노조는 독재사회에서와 달리 국민총화에 이바지한다.)

< 표 11 > '절대권력 비판' 관련 게재 글

편집방향	구분	타이틀	필자	호
절대권력 비판	권두언	반공법 보안법의 재고		1971. 8월호
	〃	탄압은 저항을 낳는다	김상현	1971. 11월호
	〃	항의하는 시민의 시대	〃	1971. 12월호
	〃	민중의 분화구는 꺼지지 않는다	〃	1972. 9월호
	권두논문	역사와 자유	손우성	1971. 4월호
	〃	그리스도교는 반혁명적인가?	박상래	1972. 7월호
	자진휴간사	침묵을 강요하는 시대에의 응답	김상현	1972. 1월호
	대담	통제받지 않는 권력은 악이다	김대중·김동길	1972. 9월호
	특집(우리는 왜 행동을 택했나)	민주의 십자가 메고	신익호	1971. 7월호
		문학은 원래 참여다	박용숙	〃
		선량한 시민의 투쟁	배 롱	〃
	〃	역사가 명령한 산 공부	안현수	〃
	특집(전환기의 학생운동)	화해시대의 새 선도자	남재희	1971. 11월호
		비판적 참여의 가능역	노명식	〃
		반독재의 행동파들	편집실	〃
	특집(한국민주주의의 점검)	주권은 빼앗기고 있다	이병린	1972. 9월호
		부조리에의 항거	이문영	〃
	공개장 논문·시론	권력만능교육에 종지부를	김동길	1971. 12월호
		통치자의 제일과제 (상)	W.리긴즈/조광해(역)	1971. 2월호
	〃	통치자의 제일과제 (2)	〃	1971. 4월호
	〃	통치자의 제일과제 (완)	〃	1971. 5·6월
	〃	권력구조론	라인홀드 니버	1971. 7월호
	〃	보안·반공법 수정 당위론	이병용	1971. 10월호
	〃	반공법 정치질서의 한계	김도현	〃
	〃	인공 빈민지대의 항거	조용범	〃
	〃	학생 자치활동을 탄압할 수 없다	임희섭	〃
	〃	절대권력은 절대 썩는다	이병린	1971.11월호
	〃	크리스찬 앙가주망 선언	한국기독교장로회 총회	〃
	〃	기독교 사회참여론의 배경	정하은	〃
	〃	지도자와 민중의 논리	강광식	〃
	〃	학원은 권력의 시녀가 아니다	윤태림	〃
	〃	'강 이데올로기'론 서설	김계수	1971.12월호
	〃	시민항쟁의 태동	최창규	〃
	〃	정보정치는 항쟁을 낳는다	김대중	〃
	〃	빈민 극한 항쟁의 당위론	김낙중	〃
	〃	서민과 집단항쟁의 논리	장을병	〃

편집방향	구분	타이틀	필자	호
	〃	후진국 부정부패의 생리	이영호	1972. 1월호
	〃	부패는 근대화를 삼켜버린다	뮈르달	1972. 5월호
	〃	민족 알맹이는 권력을 배격한다	함석헌	1972. 9월호
	〃	자유민주주의를 부활시켜라	김동길	〃
	〃	통치권은 만능약인가	이병용	〃
	앙케이트	반공법 및 국가보안법을 말한다	이병린·설창수·백기완·권일송·김경률·김춘봉·윤정규	1971. 10월호
절대권력 비판	〃	한국—이대로 좋은가?	강신명 외 19인	1972. 9월호
	옥중기 시리즈	사상범 ①~②	김광섭	1972. 4월호 ~1972. 5월호
		옥창살을 쥐어잡고	양수정	1972. 6월호
		역사의 단애에서	이상두	1972. 7월호
		나의 유수기	송지영	1972. 8월호
		신념에 살게 한 반 세기의 시련	서민호	1972. 9월호
		수난의 계절	김 철	1972. 10월호
	만화	오적도	허 연	1970. 10월호
	〃	손은 작고 그것이 클 때	〃	1971. 3월호
	〃	월남전 (해외)	남재희(선)	1970. 10월호
	〃	한심한 친구들	권성국(선)	1971. 3월호
	〃	카리카춰 1971	정운경	1971. 12월호
	K칼럼	비상구	편집부	1971. 2월호
	특별자료	대재벌 탈세흑막 폭로		1971. 10월호
	자료	1971년 시국선언 10장		1971. 12월호
	미발표자료 〃 / 독점 공개	국회 푸락치사건 판결문 ①~⑤		1972. 4월호 ~1972. 8월호
		전 서울대생 내란음모사건 전말		1972. 6월호
		〃 판결문		~1972. 7월호

이상의 방향은 다음 〈표 11〉의 게재원고에서 확인할 수 있다.

민주주의와 민주시민 정신의 고양

1971년 2월호에 '주권재민主權在民을 주목한다'라는 대담을 권두에 게재하고 있다. 이항녕(고려대 교수)과 임중빈(문학평론가) 간의 대담인데, 대중에게 민주주의와 민주시민 정신에 대한 내용을 고양하기 위한 테마를 담고 있다.

대담의 내용을 정리하면, 다음과 같다. ①민주주의 성장발전의 열쇠는 공명선거에 있다. ②왕조의 봉건정치의 잔재가 아직껏 남아 있어 주권재민 의식을 고양해야 한다. 주권의식이 명료하면 타락선거도 영향력을 미치지 못할 것이다. ③대중이 역사를 열어온만큼 역사는 대중이 창조하는 것이다. ④민주주의를 결과론적으로 바라보기보다는 오랫동안 익혀온 동양의 철학에 담지된 과정 자체를 중시 여기는 것이 중요하다. ⑤대외적인 국제환경 및 정세변화에 대한 대처는 우선적으로 대내적인 부패현상을 바로잡는 데 선결과제가 있다. 조국에 대한 신뢰감이 중요하다. ⑥지식인이나 문화인들, 즉 엘리트들의 저상된 의기를 참여 민주주의 형태로 강화하는 것이 중요하다. 오피니언 리더의 위치에서 국민전체를 계몽하는 역할이라도 감당해야 한다. ⑦민주주의 과정의 중요성을 공명선거를 통해 구현하는 것이 중요하다.

1960년대의 선거풍토를 '고무신 돌리기'로 상징하리만큼 물권, 금권으로 어지러웠던 때였으므로 국민의 민주적 주권의식을 제고할 필요는 있었다.

1971년 2월호와 3월호에는 대한민국 7대 대통령선거를 앞두고, '통치자에의 제1과제'라는 W. Howard Wriggius 콜롬비아대학 정치학과 교수의 글을 번역하여 실었다. 이 글을 2회 연재함으로써 국민이 가져야 할 올바른 민주주의 정신 및 올바른 주권의식에 대한 시사점을 던져주었다.

1971년 4월호는 4·19 기념 특집호답게 30쪽에 걸친 4·19 관련 화보를 담았다. 이 화보는 (재) 4·19 민주상이 주최한 제1회 4·19 민주상 논문·사진 공모전 결과물을 제공해주었기 때문이다.

같은 호인 1971년 4월호에는 7대 대통령선거를 앞두고, '한국의 정치풍토와 선거'에 대한 주제로 좌담을 담았다. 김상현(《다리》지 고문)의 사회로 양호민(《조선일보》 논설위원), 지명관(덕성여고 교장) 그리고 홍순옥(동국대 교수)의 방담으로 구성하였다. 다가올 선거를 앞두고 지난 선거를 돌아보면서 앞으로의 선거에 대한 바람 등을 담은 것인데, 양호민은 5·16 이후 두 번의 선거를 주시하면서 과거의 선거부정에다 새로운 선거부정이 겹친 부패상으로 진단하였다.

> 양호민: 공무원 선거체제다 할 정도로 관권의 개입이 물러선 게 아니라 더 확대되었고 돈의 액수 역시 비밀이라서 잘은 모르지만 서울이고 지방이고 간에 액수에 공이 하나 더 붙었다는 것은 숨길 수 없는 사실입니다. 지난 7대 선거때만 해도 많은 선거사범이 발생했습니다. 집권당에서도 몇 사람의 당원이 무효화되고, 또 체포 구금 등 신문에 공표된 사실만 가지고도 충분히 증명이 됩니다. 그것도 세상에서는 빙산의 일각이라고 보지요. 날이 갈수록 부패도는 높아가고 부정의 기술은 점점 늘어가고 있으니 비참한 일이 아닐 수 없습니다.
>
> 지명관: 1960년대라는 것이 한국의 역사 속에서 아주 기묘한 시대입니다. 1960년에 4·19가 일어났는데, 아이러니컬하게도 그 숫자가 거꾸로 된 9·14에 3선개헌을 했습니다. 말하자면, 4·19때 부정하던 체제가 1960

년대 말에 재정립된 비극이 일어났습니다. 5·16 후의 두 차례 선거도 그와 같은 과정으로 가는 데 있어 두 개의 산봉우리에 지나지 않습니다. 70년대는 과연 또 하나의 이런 큰 봉우리가 이루어지는 방향으로 나갈 것이냐, 그렇지 않으면 이런 반민주적 경향을 시정하는 새로운 역사가 될 것이냐 하는 데 문제가 있다고 봅니다. 사실상 국민이 민주주의를 그렇게 안타깝게 갈구하는데도 불구하고 민주정치와는 점점 멀어져간 것 같은 오늘의 현실을 생각할 때, 대체 그 원인이 어디에 있는지 제도적인 문제부터 검토해봤으면 합니다.

이 지면에서는 부정선거를 막을 수 있는 방안에 대한 세 방담자의 의견을 다음과 같이 싣고 있다.

양호민: 첫째 정신문제요, 둘째 제도문제입니다. 우선 정신적인 측면에서, 선거에서 부정을 감행한 사람이 또 돈에 매수당한 사람이 그것이 민주질서에 범법일 뿐만 아니라 도덕적 죄악이라는 범죄사실을 잊고 있습니다. 공명선거를 구호로써만 떠들 것이 아니라 범죄의식을 일깨워주는 운동을 한번 전개해볼 필요가 있습니다. 이를 테면 시골사람들이 고무신을 받고 타올 하나를 받고 돈 몇백 원을 받고 자기 표를 팔아먹는 것이 자기 아버지의 무덤을 파는 것과 같은 죄악이다 하는 의식을 주입하면 시골사람들 많이 달라질 것입니다. 도시사람도 마찬가지입니다. 문제는 그러한 의식을 부여할 수 있는 가능성이 없다는 것입니다. 다음은 제도문제인데, 우리나라 제도가 선거사범을 전부 어물어물 처리해버립니다. 국가보안법과 비슷한 강력한 방법으로 선거사범을 다스리지 않으면 안 된다고 생각합니다.

홍순옥: 선거라고 하는 것은 누군가 이야기한 것처럼 "제도적인 예란 혁명을 방지하는 제도로써 기능이 있다"라고 했는데 참 좋은 이야기라고 생각합니다. 그런 말에 따르면 지금이 내란상태라고 할 수 있습니다. 이것은 예정된 내란이기 때문에 여야를 막론하고 각 당이, 국민의 수준이 예전과 달리 상당히 높아졌기 때문에, 그전보다 훨씬 나은 정책을 쓰지 않고서는 먹혀들어가지 않을 것입니다.

양호민: 다가오는 선거를 앞두고 강화, 김포 사건이라든가 김 후보댁 폭발물 투척사건이라든가 불미스러운 소동이 몇 가지 있기는 했습니다만…….

지명관: 대체로 이번 선거가 공명하게 이루어져야 한다는 것은 국내적인 상황이나 국제적인 상황에서도 마찬가지라고 봅니다. 정치염증, 정치적 무관심, 패배감, 좌절의식. 이런 것을 해결하기 위해서뿐만 아니라 새로운 정치풍토를 이룩하기 위해서도 최대한의 공명선거를 시도해야 한다고 생각합니다.

이어서 1971년 5·6월호에 '국회의원론'을 실었다. 그만큼 국민의 민주적 주권에 대한 올바른 행사를 강조해야만 하던 시기였다. 이 글을 쓴 윤 식은 의회정치의 원리와 기능 그리고 이에 따르는 문제점 등을 열거하고 있다. 편집진에서 이러한 글을 요구했던 것은 한국의 의회정치가 처한 좌표를 제시하고 민주시민 정신이 무엇이어야 하는지를 제공하기 위함이었던 것으로 보인다.

1971년 9월호에는 창간 1주년 기념호인만큼 의견지로서의 본분을 다할 수 있도록 입법·행정·사법부를 진단하는 특집을 대대적으로 꾸렸다. 이 가운데 특집 '국정감사'와 특집 '독립 외친 사법부'는 가장 《다리》지다운 면모를 유감없이 피력한 지면이었다.

필자 차인석(한양대 법정대 교수)은 '견제와 균형을 잃었던 것이 7대국회의 특징이다'를 부제로 한 '국정감사와 의회의 통제기능'이란 제하의 글에 행정부에 예속되었던 지난 7대국회를 신랄히 비판하였다. 야당의 의석이 7대의 45의석(여당 129의석)이었던 것과 달리 8대국회의 야당 89의석이 펼쳐야 할 국감에 대한 기대를 표명했다.

8대 국회에 있어서 유효한 반대당의 존재가 우리나라 의회정치의 장래를 밝게 할 것이다. 7대 국회는 다수 여당의 독주와 변칙으로 국회무용론까지 낳게 했던 것이다. (중략)

우리 정치사회에서는 권력의 제재장치가 제도화되어 있지 못하기 때문에 권력의 난무가 방치되고 있는 것이다. 8대 국회에 있어서 야당의 임무는 무엇보다 집권당에 대한 통제전략의 확립이다. 당내의 파벌싸움은 체제의 붕괴를 초래하지 않는 한 허용되더라도 그 갈등이 대여투쟁에 있어서는 결속으로 대치되어야 한다. 양당체제 아래서는 각양각색의 이질적 요소가 반대당에 집결하는 것이다. 모처럼 얻은 견제세력의 단일화가 우리나라 민주정치의 장래를 위해서 요망되고 있다.

당시 《동아일보》 논설위원이었던 송건호는 국회의원이 가져야 할 국감의 올바른 자세를 논한 글 '국회의원은 구태의연히 임하려는가'를 통해 다음과 같은 의견을 피력하였다.

국정감사란 해마다 되풀이되는 한낱 연례행사가 아니라 비정秕政을 파헤치고 행정부에 건의, 다시는 그와 같은 잘못을 되풀이하지 않게 하는 데 목적이 있다. 그러나 현실을 보면, 해마다 거의 똑같은 잘못을 되풀이하고 또 그것을 되풀이 지적하고 있을 뿐 국정감사를 했다고 해서 행정이 조금도 개선돼가는 듯한 흔적을 발견할 수 없다는 점이다. (중략)

국정감사가 해마다 똑같은 비위를 되풀이 지적하고 있다는 것은 국정감사의 악순환이라고도 말할 수 있겠지만 더욱 우려할 바는 이러한 악순환이 기실은 국정의 악순환이라고 보지 않을 수 없는 점이다. 국정감사의 악순환을 지양하기 위해서는 먼저 국정의 악순환을 시정하지 않으면 안 된다.

필자 박 실(《한국일보》사 정치부 소속) 또한 지난 7대 국회의 국감을 '재래식 후진적 국감'이라 평하며 신랄한 비판을 가하고, 여야가 균형된 의석을 차지한 8대 국회의 국감에 대한 기대를 '재래식 후진적 국감을 탄嘆한다'라는 글에 담았다.

특집 '독립 외친 사법부'에 필자 이문영(고려대 교수)은 '법원판결에서 본 한국의 민주주의'라는 제하의 글에서 '5·25총선 후의 판결은 민주 양식의 것이었다'라는 부제에서 나타낸 바와 같이 사법부의 독립적 판결을 민주주의의 수호로 바라보았다. 이 글에서는 5·25총선 후의 판결사례, 즉 ①신민당사 농성 서울대생에 대한 무죄 판결(1971. 6. 29.) ②《씨ᄋᆞᆯ의 소리》 등록취소 무효(1971. 7. 6. 대법원) ③《다리》지 세 피고인에게 무죄 판결(1971. 7. 16.) ④고려대 데모 주동학생에 대한 형의 선고유예 판결(1971. 7. 30.) 등에 대하여, 행정부가 민주주의 관리를 소홀히 한 것을 이와 같은 판결을 통하여 수습한 것으로 보았다. 그는 판결에 대한 행정부처의 당황을 다음과 같이 풍자하며 열거하였다.

국방부(국가배상을 군인·군속에 해야 하니까)

문교부(학생을 다루는 데가 문교부니까)

문화공보부(《씨올의 소리》《다리》에서 오는 당황)
법무부(검찰이 성적을 못 올리니까)

이 글에서 이문영 교수는 다음과 같은 점을 짚어서 사법권의 독립적 판결을 지지하였다.

① 이 판결들이 다 서울지법, 서울고법 등과 같이 서울을 그 관할로 하는 사건에 대한 것임을 볼 때에 권력은 서울에 집중되어 있으며 지방에 정상계층의 부존재를 엿볼 수 있다.
② 정치적으로 이용당하는 사람들을 판결례에서 간추리면 법원, 국민(특히 군인, 군속), 학생, 보기에 따라서는 야당(왜냐하면, 선거를 안 하게 되면 곤란하니까), 언론기관 등이다.
    통치를 위해서 내셔널리즘을 활용한 좋은 예는 《다리》지 사건에서 보아야 한다. 왜냐하면 검찰은 문제된 논문이 북괴를 찬양 동조 고무했다고 말하고 반공법에 저촉된다고 말하고 있으나, 판결은 그렇지 않다고 보고 있기 때문이다.

우리나라 사법권의 독립이 당시로서는 얼마나 절박한 사안이었는지는 이어서 게재한 박현각 변호사의 '사법권 수난 23년'이라는 글에서 구체적으로 드러난다. 그는 이 지면에서 사법권이 행정부에 예속되어 그 시녀가 되는 경우의 참상을 사법권 독립이 없는 북괴의 제도에 빗대었다.

1971년 9월호에는 '현정권의 지방자치제 미부활은 근시안적 처사이다. 지방자치 없는 민주정치는 뿌리 없는 나무다. 근대화를 위해서

지방자치제를 희생시켜야 한다는 허구성은 중대한 모순이다'라는 주장이 장을병 교수(성균관대)의 '지방자치제 왜 묶어두나'라는 글에 실려 있다.

지방자치제가 활성화된 오늘날에 견주어볼 때, 당시로서는 매우 필요한 사전 의견이었음을 짐작해본다. 장을병 교수는 국민과 정치가 유리되어 있음을 지적하고 국민의 정치의식 고양과 정당이 제 역할을 다하기 위해서라도 현행헌법에 명시돼 있는 지방자치제가 급선무임을 주장하였다.

> 이제는 물량적인 경제건설에만 치우칠 때는 아니다. 민주화의 병행이 시급한 때이다. 알찬 민주화를 다지기 위해서는 지방자치의 실시가 급선무임을 밝혀둔다.

1971년 12월호(송년호)를 보면, 이른바 시민사회의 서막을 알리는 것과도 같은 인상을 지울 수 없다. 김상현 국회의원 및《다리》지 고문의 권두언 '항의하는 시민의 시대'를 위시하여 김대중 당시 신민당국회의원의 '정보정치는 항쟁을 낳는다'에 중앙정보부에 대한 적나라한 개탄과 시민항쟁의 함수관계를 언급하였다. 이어서 '서민과 집단항쟁의 논리'(필자 장을병) '시민항쟁의 태동'(필자 최창규) 등의 글을 지면에 담아, 바야흐로 시민사회의 태동기임을 알리고 있다.

최창규는 해방 이후 우리가 습득한 서구의 근대를 습득하는 과정에서 가장 핵심을 이루는 '시민'의 가치가 오히려 소극화되고 후퇴되어온 역사적 오도를 지적하고, 시민시대의 실현은 우리의 근대사에서 실천해야 할 궁극적 근대가치로 삼아야 할 것을 주장하였다.

1971년도를 시민시대의 서막으로 아젠다 세팅한 《다리》지의 기획에 따라, 필자 장을병(성균관대 교수)은 대두되는 서민의 항거에 대응하는 영국과 프랑스의 자세를 언급하였다. 프랑스의 귀족들은 서민의 항쟁을 끝까지 탄압하다가 유혈의 비극을 초래했지만, 영국은 서민의 항의를 즉각 수락, 정치적 안정을 계속 누리고 있는 유형이 있음을 구분함으로써 집권층의 대응자세에 대한 시사점을 제공하였다. 실제로 이 글은 《다리》지 창간 1주년 기획 기념강연 내용을 전재한 것이었다. 장을병 교수는 '서민과 집단항쟁의 논리'를 이렇게 마무리 짓고 있다.

현재 정부에서 정치권력의 누르는 힘의 작용이 너무 강하니까 어찌할 수 없이 여기에 대해서 저항하는 힘도 강력한 집단적인 힘으로써 대항할 수밖에 없다. 이러한 현실적인 요구들이 작용을 해서 오늘날 우리 주변에서 볼 수 있는 힘의 정치적 현상, 말하자면 집단항의 현상이 나타나고 있다.

그러면 여기서 결론적으로 모름지기 정치가들이, 집권자들이 해야 할 일은 대중의 요구, 서민의 요구가 이렇듯 분출하기 전에, 분출할 힘을 밑바닥으로 해서 폭발하기 전에 이것을 들어줄 수 있는 아량을 가져야 한다.

이런 테크닉을 발휘해야 할 터인데 이런 테크닉을 발휘하지 못하고 있는 하나의 안타까운 현실이 우리나라의 현실적인 정치현상이 아닌가 한다.

《다리》지는 지면뿐 아니라 강연회를 개최함으로써 독자로 하여금 참여토록 하여 민주주의 발전을 위한 민주 시민정신을 깨우치고자 하였고, 21세기의 키워드인 '시민사회'의 태동을 일찍이 앞서 예고했던 것이다.

이상의 방향은 다음 〈표 12〉의 게재원고에서 확인할 수 있다.

<표 12> '민주주의와 민주시민 정신의 고양' 관련 게재 글

편집방향	구분	타이틀	필자	호
민주주의·민주시민 정신	권두논문	지성과 행동의 이율배반	안병욱	1970. 11월호
	〃	4·19의 참정신	김재준	1972. 5월호
	권두대담	자유민주주의의 길	이항녕·임중빈	1971. 2월호
	권두방담	71년도는 지성인이 용기를 가질 때	김상현·윤형두·탁희준·장을병·정을병	1971. 1월호
	〃	한국의 정치풍토와 선거	양호민·지명관·홍순호	1971. 4월호
	〃	지성은 살아 있나?	이호철·남정현·전덕용·이정수·조봉연·박오진	1971. 5·6월호
	특집	기본인권	이병린	1971. 2월호
	〃	4·19의 정신사적 의의	노명식	1971. 4월호
	〃	한국 민주화 과정에 있어서의 4·19	이시재	〃
	〃	그 어느 땐가 자유의 꽃은 피어나리	이화수	〃
	〃	법관과 민권의 논리	한상범	1971. 9월호
	〃	법원판결에서 본 한국의 민주주의	이문영	〃
	〃	사법권 수난 23년	박현옥	〃
	〃	민족주의의 새로운 역할	안병욱	1971. 10월호
	〃	현실적 통일방법은 무엇인가?	정용석	〃
	〃	통일외교 향한 정치통합	진덕규	〃
	〃	'가족찾기 운동'의 민족적 발상	지명관	〃
	〃	백범 김구 평양체재 15일	선우진	〃
	특집 화보	자유를 위한 민권의 횃불	(재)4·19민주상	1971. 4월호
	국회 속기록(초)	누구를 위한 풍요냐	이종남	1972. 10월호
	논문·시론	지성인의 소시민 근성	김진만	1970. 10월호
	〃	권위와 권력과 대중과	김현식	1971. 3월호
	〃	민주주의적 인권	주명환	1971. 5·6월호
	〃	소외당한 민중의 소리	조향록	1971. 10월호
	〃	중간집단 형성의 긴급동의	한완상	1971. 11월호
	〃	자기혁명하는 민중이라야 산다	함석헌	〃
	〃	지식인의 자기학대	송철원	1972. 1월호
	〃	앰네스티 한국위 창립의 정신	윤 현	1972. 5월호
	〃	시민적 자유의 수호	〃	1972. 8월호
	〃	농민의 활동과 의병운동	김윤곤	1972. 9월호
	〃	민주시민이 기대하는 변호사상	최석채	1972. 10월호
	연재/세계 지성의 첨예	자유사회를 위한 생물학적 기초	H.마르쿠제	1971. 2월호
		바링톤 무어의 봉건주의 옹호론	편집부	1971. 3월호
		신생국 군대론	편집실	1971. 5·6월호

경제개발 정책과 노동문제

1971년 3월호에는 3차 경제개발 5개년계획(1972~1976년)의 발표 및 계획이라는 구도선상에서 한국경제를 진단하고 산업의 근간이 되는 노동문제를 점검하고자 짚어보았다.

이동배(《현대경제일보》 정경부 소속)는 '70년대 한국경제는 어디까지 가나?'라는 제호로 전망의 시각을 담았다.

이동배는 농촌경제·수출·중화학 개발에 중점을 둔 3차 경제개발 5개년계획은 당면한 임금노동 문제, 주택문제 및 앞으로 부상될 공해문제를 외면했다는 부문이 유감스럽다는 견해를 필두로 하고 있다. 그리고 각계의 의견으로 제조업 분야의 성장률 둔화문제, 저축률 제고, 인구증가율의 둔화, 산업구조의 고도화, 소비의 건전화 면에 종합적 실천대책이 긴요하다는 것을 들고 있다.

구체적으로는, 일인당 GNP로써 국민 전체의 생활수준을 평가할 수 있느냐는 문제를 거론하였다. 국민의 10%가 GNP의 반을 차지하는 고소득을 누리지만, 나머지 반은 대다수인 국민 90%의 소득이 차지하므로 수치상의 GNP성장을 논하는 것은 어리석은 일이다. 그러므로 GNP절대액 증액보다는 균등분배에 신경을 써야 한다는 지적을 하고 있다.

두 번째, 농어촌 개발을 위한 항목이 너무 장황하다는 의견이었다. 품종·시비·농약개선으로 주곡자급主穀自給, 축산개발, 잠업진흥, 조림 확대, 어업확대, 경지정리 및 농업 기계화, 농어촌 도로망·전화 및 통신망 확대, 위생시설 개량, 농어민 소득증대 특별사업 계속추진, 경제작물 생산확대, 농가의 지붕개량 등 다양한 시정목표가 있다. 너무 많다보니 주곡자급과 같은 집중적으로 추구해야 할 정책의 초점이 흐려지는 한편, 자칫 비생산적인 '액세서리'운동으로 전락할 가능성이 있다고 보았다.

셋째, 수출 극대화 정책이 사회이익과 유치幼稚수출 산업 보호의 정도를 이해하지 못하고 있다는 점을 지적하였다. 유치수출 산업은 일정기간의 단기간을 과도하면 경쟁수출 산업으로 전환되어야 하는데, 수출 극대화 정책은 모든 수출산업을 유치수출 산업으로 간주하고 막대한 지원을 하고 있다는 것이다.

이 결과, 자원배분의 비능률적 소모로 부문간의 경합, 사회비용 증대, 투자효율의 저하를 가져와 다른 경제부문에 왜곡현상을 초래하게 된다는 이론을 제시하였다.

같은 호인 1971년 3월호에는 이어서 '노동운동과 정치참여'라는 글이 실려 있다. 필자 손진규 철도기관차노조위원장은 노동운동의 필요성과 함께 수많은 노동자들의 피로써 이루어낸 '메이 데이'의 창출에 이르기까지의 역사적 배경 등을 전개했는데, 이와 같은 역사사회적 배경을 통해 노동조합의 의의를 제고하고 있다.

1971년 4월호에 '임금'이라는 르포를 통해 이동배(현대경제일보사 정경부 기자)가 우리나라 임금체계 및 현황, 임금격차 그리고 평균임금의 국제적 비교 등을 일목요연하게 정리하여 제공했다. 이동배는 임금격차에 대하여 이러한 견해를 내놓았다.

우리나라의 지역간 임금격차가 선진제국에 비해 큰 것은 공업의 지역간 편재가 심하고 노동시장의 통합에 의한 횡단임률橫斷賃率의 형성이 이루어지지 않은 데 있는 것으로 풀이되고 있다. 더욱이 이를 수정보완하기 위한,

국가에 의한 최저임금 제도의 도입이나 노동조합의 산업별 조직에도 불구하고 노동운동에서 횡단임률의 형성을 위한 노력이 없었다는 것은 지역간 임금격차를 더욱 심화시킨 요인이라고 하겠다.

1971년 6월호는 특집으로 농촌문제를 다루고 있다. 주종환(동국대 법정대 교수)은 '무엇이 한국농업 발전을 가로막고 있나'에서 외국의 사례에 비견하여 우리의 문제를 진단하였다.

①한국의 농업 근대화 과정에는 영국처럼 소농민을 의도적으로 몰락시키는 방안이 현실적으로 맞질 않다. ②농업의 기업화, 자립자족농 육성 등의 방향설정보다는 현존의 소농경제적 농업구조를 보호육성하여 그 안에서 발전을 가져오도록 하는 노력이 선행되어야 한다. ③한국의 농업 근대화는 농산물 가격의 보장을 전제로 하지 않는 한 현실불가능하다. ④농업 근대화는 후진 자본주의 국가에서 공업화를 대전제로 하는 경우가 많다. 그러나 그것은 농업부문을 희생시키는 가운데 시행해도 된다는 의미는 아니다. 전후 일본과 서독의 경이적인 경제성장은 농업부문의 성장을 바탕으로 했던 사례이다. ⑤경제의 고도성장으로 노동의 양적 이동이 불가피해져 부족한 농업노동력을 메우기 위한 농업 기계화의 움직임으로 변화된다. 그렇게 되면, 소농적 영세농경의 구조적 개선이 필요하여 소농의 몰락을 촉진하게 된다. 이를 방지하기 위해서는, 일본 및 이스라엘의 경우처럼 농업 공동화共同化를 발전시켜야 한다.

같은 특집면에 황민영(한국 농촌문화연구소)은 농촌문제 해결을 위한 방안으로 '농촌문제 해결을 위한 실천적 이론'의 의견을 내놓고 있다.

그는 '민족적 과제의 해결은 농민의 참여 없이 이루어질 수 없고 농민의 잠재적 창의력이 자발적으로 결집되는 길이 막히는 한 농민의 참여는 기대할 수 없다. 농촌문제를 농민의 입장에서 올바로 해결해나가려는 의지와 실천은 적색독재에 대항하고 백색독재를 누르면서 자유와 창조의 인간정신에 입각한 참다운 민주국가를 건설해나가는 길'이라는 견해를 밝혔다.

1971년 10월호의 경제 및 노동 관련 지면의 키워드는 '소외'였다. 조향록 목사(초동교회)의 '소외당한 민중의 소리'를 필두로 '근대화의 소외지대' 시리즈를 시작하였던 것이다. 이 시리즈에는 조용범 교수(우석대 경제학과)의 '인공 빈민지대의 항거' 그리고 조윤형 위원(성균관대 노동문제연구원)의 '빈자貧者에게 낙원은 없는가'로써 꾸리고 있다.

1971년 10월호에는 이같은 '소외'를 유발하는 '불평등'의 근거, 즉 우리나라 경제개발 이면에 드리워진 흑막을 과감하게 파헤치고 있다. 편집진은 같은 호 218쪽에 '대재벌 탈세흑막 폭로'라는 지면을 구성하고 있다. 이는 대기업의 부정축재 탈세에 대한 내막을 알리고자, 1971년 9월 9일 제78회 5·6차 국회 속기록 내용을 전재함으로써 밝히고 있다. 이 지면 서두를 보면, 이 글을 싣는 취지 및 《다리》지의 입장을 밝히고 있다.

고도성장의 과정에서 대기업체들의 부정축재 수법도 고도화되어 국가 1년 예산안보다 많은 수십 조 원에 달해 국민을 경악케 한다.

이종남 의원은 대기업체들이 부정한 방법으로 기하학적인 금액을 탈세했다고 폭로하고, 이는 정부가 국민의 생활을 도외시하고 중소기업을 도산의 위기에 처하게 했다고 주장했다.

본지는 이의 중대성에 비추어 속기록을 전재하며 질의에 대한 답변도 전재한다.

또한 본지는 보다 상세한 자료가 입수되는 대로 본지를 통해 대기업체들의 부정축재 진상을 파헤칠 것이다.

당시로서는 신문·방송 보도로 알 수 없었던 정-경유착의 실태를 국민의 알권리를 위해《다리》지가 제 몫을 수행한 것과 같았다.《다리》지는 이어지는 11월호에 '김경제 팀에게 보내는 공개장'이라는 어마어마한 서한을 띄우기에 이른다. 김경광 경제학박사가 쓴 이 글에 편집진은 다음과 같은 요약글을 제목 옆에 붙여놓았다.

고도성장이란 미명 하에 국민경제는 가난하게 병들어갔다. 농민, 소작민, 중소기업을 짓밟고 권력을 업은 대기업이 결국 한국경제를 파탄에 몰아넣고 있다.

필자는 계수성장의 장, 차관과 원리금 상환부담의 장, 차관업체의 장, 중소기업의 장, 농가경제의 장, 무역수출의 장, 물가의 장으로 각각 나누어 거론하고 경제정책이 사회적 불평등 확산에 대한 정책임을 거증한 연후에 비판의 필봉을 휘둘렀다.

이상으로써 귀하가 이끄는 이 나라 경제의 현실을 공개하여 올리노니 집권층인 정책의 입안자가 그릇된 현실파악과 오진된 미래의 전망으로, 그를 주축으로 하여 입안된 정책은 만인에 해를 가져오는 결과가 되고, 나아가서는 한 나라의 기틀이 기울어진다는 것을 명심하여주시기 바라마지 않습니다.

1971년 12월호(송년호)에 필자 어윤배(행정학 박사)는 '도시 비대증의 사회적 문제'를 날카롭게 지적하였다. 지금에 이르러 더욱 문제가 되고 있는 공룡도시 서울의 실체는 우리나라 인구의 절반 가량이 서울 및 수도권에 과밀집되어 있는 현상, 즉 세계 어느 수도에서도 찾아보기 어려운 현상에 대한 우려의 시각을 필자는 일찍이 가졌던 것이다.

구심화와 원심화가 동시에 이루어져 비대해진 우리의 도시화 과정은 도시빈민층 양산의 문제, 산업화가 촉진한 관료제화의 누적 및 강화 문제, 불평등한 사회적 기회 부여, 농촌의 존립기반 안정 여부 등의 문제를 낳는 것으로 지적한 필자는 대책으로써 UN 전문기구가 제시한 방안을 내놓았다. 이 방안은 오늘날에도 제고를 요하는 내용이어서 전재해본다.

① 인구구조의 변화에 따라 나타나는 생산연령 인구의 증가의 축소에 대응해서 중고령층을 포함한 취업대책이 필요하다.

② 농업 및 도시 영세경영의 근대화를 촉진하여 그들의 존립기반을 공고히 해주어야 한다.

③ 살기 좋은 도시를 만들기 위하여 도시의 생활기반 내지 생활환경의 조성을 전국적인 혹은 지역적인 배려를 가지고 균형 있는 도시의 개발과 배려가 필요하다. 또한 도시 산업화의 진전에 병행하여 주민복지를 확보할 수 있는 도시계획이 짜여야 한다.

④ 공해대책이 시급하다.

⑤ 주민의 주체와 지방자치의 확립 없이는 균형 있는 도시개발을 전제로 한 지역개발은 실효를 거두지 못한다.

⑥ 진출기업으로 인한 그 지역의 지원산업이 도괴되지 않도록 해야 하며

진출기업의 종업원과 그 지역민들 간의 대립을 피할 수 있는 대책을 강구해야 한다.

⑦ 산업화 또는 관료제화해 가는 사회구조에 통합되어질 수 있는 교육과 훈련에 대한 장기적 그리고 집중적인 투자가 행해져야만 한다. 뿐만 아니라, 균형 있는 인재의 양성과 정착을 위한 기본계획이 세워져야 된다.

⑧ 사회보장 제도의 확립과 보건복지의 추진이 강조되어야만 한다.

필자 어윤배는 '근대화의 번영과 그 혜택에서 소외된 빈곤층들이 도시화된 사회에 통합되어질 때, 근대화는 민족중흥의 근대화가 될 것'이라는 주장으로 글을 마무리하고 있다.

1972년 1월호는 외압으로 인한 잠정적 휴간을 결정하고 만든 비장한 잡지인만큼 특집을 '전환기의 한국경제'를 진단하는 데 포커스를 두었다. 필자 유인호(중앙대 경제학과 교수)의 '일본의 대한원조 내막', 김민채(경희대 경제학과 교수)의 '수출입국의 허실', 정윤형(홍익대 교수)의 '고도성장의 경제질서', 심상필(홍익대 경상학부 교수)의 '국제경제 재편성의 영향', 박현채(고려대 강사)의 '제3차 5개년계획—이대로 좋은가'를 펼침으로써 겉으로 보이는 화려한 경제성장의 이면을 들여다볼 수 있도록 했다.

유인호 교수는 다음과 같은 사실을 일깨우고 있다.

과거 20여 년간 우리나라는 미국으로부터 막대한 원조→경협→외자를 받았으나 우리나라 경제는 여전히 경제발전→자립경제의 본궤도에 진입하지 못하고 있다. 일본으로부터의 막대한 외자도 미국과의 관계에서 파생한 모순을 심화시킬 뿐 아무런 자극제의 역할도 하지 못하고 있다. 이것은 '원조'가 갖는 본질에 비추어 당연한 귀결이라고밖에 할 수 없다.

이미 한일간의 경협의 평가에서 밝혀진 바와 같이 일본의 경제협력이 '경제착취'인 것처럼 대부분의 경제협력도 그러한 성격을 떠날 수 없는 것이라 하겠다. 이 점은 P. F. Drucker 교수의 글에서 더욱 구체적으로 알 수 있다. '아무리 순수한 원조라 하더라도 피원조국의 경제발전에 대해서는 아무런 도움도 주지 못한다. 원조는 어디까지나 단순한 자극제에 불과한 것이다.'

한일간의 경제협력, 그것에 의한 한국경제의 발전과 자립화, 이것은 성립될 수 없는 공식이다.

김민채 교수는 '균형 있는 경제계획'을 주장하였다. 그는 '수출입국의 허실'에 다음과 같은 시사점을 던져주었다.

경제성장 세계1위를 자랑하는 우리는 인프레에서도 결코 수위를 빼앗기지 않고 있다. 지금까지 수출의 70% 이상을 미·일에 치중해오던 우리가 최근에는 섬유류 파동으로 홍역을 앓게 되었다. 뿐만 아니라 3차 5개년계획 중엔 농촌 투자액이 고속도로 예산의 1/3밖에 안 되는 기형 경제정책을 쓰고 있다. 이런 여건에서 수출확장은 가능한가?

정윤형 교수는 한국경제가 당면한 문제를 다음과 같이 진단하였다.

목하 한국경제는 안전기조의 동요, 차관기업의 부실화, 중소기업의 도산 등 업계의 불황, 수출신장의 둔화와 수입의 지속적 증가추세에 의한 무역수지 적자폭의 확대, 도입외자의 원리금 상환부담과 과실송금의 누증 등 내외적으로 어려운 문제에 도전받고 있다.

그러나 우리나라의 당면한 경제문제를 국제정세의 변화라는 외부적 조건에서 원인을 찾는 것은 상피적 관찰이며 지극히 안이한 대응태도이다.

만약 우리나라 경제가 이제 하나의 전환기를 맞이했다면, 그것은 급변하는 외부정세의 변화에 근원이 있는 것이 아니라, 그 동안의 경제성장의 바탕 없는 위에서의 외부지향적 성격과 그로 인한 구조적 위약성에 그 참다운 근원이 있는 것이다.

심상필 교수는 한국경제의 방향에 대하여 다음과 같은 견해를 내놓았다.

수출이라는 부수조건이 따르는 외채를 사용하지 않고 경제를 발전시킬 수 있는 방도를 찾아야 한다. 이 방도는 다름아닌 국내 생산요소를 최대한으로 이용하는 길밖에는 없다. 즉, 한국의 특수한 경제적 여건에서 출발한 경제계획이 있어야 했는데도 불구하고 계획 전문가는 이 점을 소홀히 하고 엉성한 통계자료를 바탕으로 모델 아닌 모델을 작성함으로써 현실을 무시하는 그러한 계획을 수립하고 만 것이다.

필자 박현채는 당시 처한 경제상황을 '전환기'로 보고 위기와 새로운 도약이라는 양면적 시기임을 진단하였다. 그는 또한 제1차 경제개발 5개년계획과 제2차 경제개발 5개년계획의 문제점을 적시함과 함께, 제3차 경제개발 5개년계획의 방향에 대한 시사점을 제공하였다. 즉, 정부에서 제시한 제3차 경제개발 5개년계획의 관건을 '국제수지 개선'과 '국내저축의 증대'로 보고 있는데, 필자는 이 두 요소를 기대할 수 없다고 보았다.

그간의 고도성장이 귀결한 것은 국민경제의 이중구조의 심화, 대다수 국민의 성장결과로부터의 소외에 의해 사회적 불균등을 확대시키고 국민적 일체감 형성을 저해해왔다. 그뿐 아니라 경제성장의 과정에서 이루어진 대외의존의 심화는 우리 문제의 결정에 있어서 외부적인 힘의 개입을 용이한 것으로 만들어놓았다. 이와 같은 조건들은 민족적 이익에 기초한 한국에 있어서 이른바 전후적 상황의 자결적인 청산에 결정적 장애로 된다. 이로부터 제3차 5개년계획은 이와 같은 당면한 민족적 요구에 적응하는 것으로 되어야 한다.

이상의 방향은 다음 〈표 13〉의 게재원고에서 확인할 수 있다.

< 표 13 > '경제개발 정책과 노동문제' 관련 게재 글

편집방향	구분	타이틀	필자	호
경제·노동	특집	고도성장과 고압 빈곤화	임종철	창간호
	〃	노동문제를 통해 본 사회복지	탁희준	〃
	〃	계수와 생활수준의 괴리	김성두	1971. 1월호
	〃	근로조건	탁희준	1971. 2월호
	〃	한국경제는 어디까지 가나?	이동배	1971. 3월호
	〃	무엇이 한국농업 발전을 가로막고 있나?	주종환	1971. 5·6월호
	〃	농촌문제 해결을 위한 실천적 이론		
	〃	저개발국가의 농촌사회	황민영	〃
	〃	대일 경제 역조	김경현	
	〃	세계3위의 물가고 진단	조용범	1971. 8월호
	〃	달라 시대의 낙조	장원종	1971. 10월호
	〃	일본의 대한원조 내막	유인호	〃
	〃	수출입국의 허실	〃	1972. 1월호
	〃	고도성장의 경제질서	김민채	〃
	〃	국제경제 재편성의 영향	정윤형	〃
	〃	제3차5개년계획—이대로 좋은가	심상필	〃

편집방향	구분	타이틀	필자	호
경제·노동	〃	한국 농업문제의 본질	이우재	1972. 9월호
	〃	고리대 자본과 8·3조치	김성두	1972. 10월호
		관제 물가통제의 허실	정윤형	〃
	르포	임금	이동배	1971. 4월호
		석유와 물가	〃	1971. 5·6월호
	(시사)칼럼	경제―재벌의 애국론	김진현	1970. 11월호
	〃	경제―선거예산안의 특징	현경득	1971. 1월호
	〃	경제―투기억제세	박재권	1971. 2월호
	논문·시론	민족경제 자립에로의 길	김경광	1971. 1월호
	〃	노조운동과 정치참여	손진규	1971. 3월호
	〃	중산층 없는 한국경제	김낙중	1971. 7월호
	〃	전태일 사건 끝나지 않았다	박태순	〃
	〃	환율변천과 한국경제의 사시	조동필	1971. 8월호
	〃	돈의 행방과 인플레 불감증	장종원	〃
	〃	빈자에게 낙원은 없다	조윤형	1971. 10월호
	〃	김 경제팀에게 보내는 경고장	김경광	1971. 11월호
	〃	우리는 경제고아가 될 것인가	오호근	〃
	〃	이농 강요한 농촌 근대화의 정책	박현채	〃
	〃	노임과 생존권의 함수	이규창	1971. 12월호
	〃	세제―얼마나 바쳐야 하나	장원종	〃
	〃	차관 근대화와 매판자본	조용범	〃
	〃	제3차 운크타드 총회와 남북문제	윤 현	1972. 5월호
	〃	노동과 소외론의 신전개	최혜성	1972. 10월호
	자료	재정안정의 전망 검토	이중재	1972. 1월호
	연재/세계 지성의 첨예	매니즈먼트의 철학	편집부	1971. 4월호
	만화	도 2	허 연	1970. 11월호
	〃	일품요리를 듭시다		1971. 2월호

다원적 의견의 만남: 소통의 역할

1971년 7월호에는 총선 후 새로 출범할 8대 국회의 야당인 공화당과 여당인 신민당에 바라는 바를 이정식(동국대 정치학과 교수)과 장을병(성균관대 정치학과 교수)의 글로써 각각 싣고 있다. 이정식 교수의 '공화당, 앞으로 4년의 시험생'에는 박대통령의 불출마 선언에 따르는 문제, 부정부패, 국가안보, 참정제도의 개혁문제 등을 거론하고 있다. 반면에, 장을병 교수의 '신민당, 명분+알파'에는 야당통합의 문제, 당내 갈등 '사꾸라 정치' 파동문제 등을 거론하여 양대 정당이 갖고 있는 문제를 함께 진단하고 개선을 위한 비판적 내용을 제시하였다.

이렇듯 월간《다리》지는 대립되는 의견에 대한 소통의 장으로서 창간때부터 표방해온 가교의 역할을 수행하고자 했다.

1971년 8월호에는 초미의 관심을 받던 시사뉴스 '닉슨의 중공中共 방문'에 대하여 《중앙일보》의 신상초 논설위원과 《조선일보》의 양호민 논설위원 간의 '닉슨의 북경방문과 한국의 전도'라는 제하의 대담을 실었다. 《중앙일보》와 《조선일보》가 갖고 있는 기존의 보수적 논조도 마다 않고 《다리》지는 편중되지 않도록 지면을 할애하여 의견을 담고자 했던 것이다.

이 대담을 통해, 신상초 논설위원은 중공이 미국에 접근하려는 이유를 '①미국이 갖는 부富 ②유럽-소 간의 평화조약으로 전쟁 위험성 해제 ③경제적 이유 ④월남전 지원 등 중공이 갖는 호전적 이미지를 쇄신하기 위하여'로 들었다.

양호민 논설위원은 이어서 미국이 중공에 접근하려는 이유를 '①핵 보유국인 중공의 세계평화 협력 필요 ②월남전에 대한 중공의 지원 ③서방이나 아프리카에서 중공시장에 대한 욕심 추세 ④중공이 핵국가로 성장하는 것을 막기 위한 중-소 분쟁'이라고 해석했다.

대담의 결론은 한국의 입장을 대응하는 데 있었다. 따라서 두 대담자는 다음과 같은 의견으로 갈무리했다.

현재의 국제정세는 북괴의 전면전을 방지하고 있습니다. 즉, 소련과 중공이 미국과 화해하는 것 때문이죠. 북괴는 소련이나 중공의 지원 없이는 남한의 단독공격이 어렵습니다. 그래서 북괴는 무력공격에서 정치공세화할 것입니다. (중략) 다음은 민족자결입니다. 우리는 안일한 사고방식을 버리고 건전하고 전진적인 자유민주적 내셔널리즘에 입각해 통일을 이룩해야 할 것입니다.

이어서 1971년 9월호에는 필자 이영희(합동통신사 조사부장)의 '중공연구―그 초보적 시도'가 특집으로 실렸다. 당시로서는 중공에 대한 연구가 희소했을 뿐 아니라 공산권 국가 연구는 시도 자체를 하지 않았던 관계로, 이 글은 시의적으로뿐만 아니라 알찬 내용으로 매우 주목을 받았다. 제호 아래 편집자주에는 이렇게 적혀 있다.

2.5그램의 핑퐁알이 던진 충격파―세상은 지금 중국대륙을 둘러싸고 변해가고 있다. 본지는 독자들에게 중공의 기초적인 이해를 위해 두 차례에 걸쳐 외국의 저서를 중심으로 한 '중공연구'에 관한 글을 싣는다. 첫 회엔 중공의 혁명에서 오늘에 이르기까지의 역사적 변천을 따라 그때 그때의 상황을 그린 저서들을 소개키로 한다. 중공이해에 많은 도움이 될 것이다.

미-중간 충격적 핑퐁외교와 함께 중공연구가 처음 세상에 공개되는 만큼 필자 이영희는 이런 글을 서두에 담았다.

우리의 깨달음은 너무 늦었다. 우리의 정치적 영토를 한 발짝만 나서면 세계의 초보적인 상식이 되어 있는 많은 사실들이 이 사회에서는 오랫동안 반공법에 해당하는, 말할 수 없는 무슨 위험한 지식이나 정보처럼 파묻혀왔다. 이와 같은 현실은 결과적으로 우리 국민만을 기만했을 뿐이다. 그것으로 피해를 입은 것은 이 나라 국민뿐이다. 이처럼 어리석은 것이 이 사회의 일그러진 정치풍토요, 지적 풍토이다.

이와 같은 전 국민적인 의미와 근시안에 사시까지를 겹친 지적 불모의 상태는 하루속히 타파, 개선되어야 할 것이다. 그렇지 않고서는 앞으로도 긴 세월을 두고, 이 국민은 밤잠에서 깨어날 때마다 세상의 변화에 놀라기만 하는 불행을 면치 못할지도 모른다.

이제 우리는 우리 자신의 생존과 현명한 장래를 위해서 중국을 올바르게 이해해야 할 때가 왔다. 우리의 세계관과 사고방식에서 일변도一邊倒의 편견, 맹집盲執의 꺼풀을 벗겨야 할 때이다

필자는 진실을 추구하는 지식인의 자세를 견지하면서 중공이해의 첫 걸음은 중국공산당의 긴 혁명운동 연구에서 출발해야 한다고 강조했다.

중국 공산당의 혁명에 앞서는 수천 년에 걸친 무수한 농민봉기, 19세기 중엽의 태평천국, 손문의 반봉건, 반제, 통일혁명 의화단사건 그리고 5·4운동으로 심화하고 확대된 지식계급의 문화운동 등을 그 사상적 전통 면과 실천적 전개의 면에서 먼저 이해해야 할 필요가 있다.

1921년부터 1949년에 끝나는 중국 공산당운동을 제2단계로 보고, 1949년 이후 현재까지의 '사회주의 혁명'이 문화대혁명으로 끝나는 과정을 대체로 제3단계로 나누어 보는 것이 편리하다.

이 글은 당시 중국이해의 첫 관문이 되었으며, 지식인이 취해야 할

입장에서 냉전 이데올로기를 배제하고 객관성을 획득한 가운데 전개한 최초의 논문에 해당하였다. 필자는 중국의 문화·사상적 역사의 전기를 이룬 5·4문화혁명과 30년에 걸친 농민혁명 그리고 사회주의 혁명과 모택동에 관하여 상세하게 논의를 펼쳐놓았다.

1972년 1월호와 휴간 후 복간한 1972년 4월호에는 김동길(연세대 교수)의 연재 에세이 '원媛에게 주는 글'이 실려 있다. 여기에서 '원'은 여성의 이름으로서 필자가 한국의 젊은 여성에게 건네는 참신한 의견을 담은 글이다. 첫 편에서는 대체로 조신하게 여성이 갖추어야 할 지성 및 여성해방적 시각에 대하여 언급하다가, 두 번째 편에서는 얼어붙은 언론자유와 비상사태를 가져온 국가사회적 현실을 양심에 부쳐 개탄하는 글로 이어져 있다. 그러므로 '원'이라는 가상인물에게 보내는 이 서정적 서한문에는 필자 김동길의 소신 저 밑바닥으로부터 올라오는 의견이 담겨 있었다.

지난 겨울은 이상하게 춥지 않았지만 정신적으로는 혹독하게 추운 겨울이었다. 비상사태니 국가보안법이니 하는 '북풍한설 찬 바람'에 민중의 입이 얼고 손이 얼었다.

당시에도 지금에도 지성의 대명사 격으로 알려진 인사 김동길로 하여금 개탄을 쏟을 수 있는 소통의 장 마련을 《다리》지가 해준 것이었다.

이처럼 《다리》지에는 당대를 선도하는 오피니언 리더opinion leader로서의 지식인층의 글을 함유하고 있었다. 《다리》지만 보아도 의견의 중심에 어떤 인물이 있었는지를 파악할 수 있었고, 글의 내용을 통해 필자의 대표성을 타진할 수 있었다. 그만큼 《다리》지는 한국의 대표 지성인의 글을 빠트리지 않았다.

당대를 대표할 만한 지성인으로서 안병욱 교수(숭전대 철학과)의 글 또한 실려 있다. 급진적 사고보다는 온건한 사고로써 국민에게 방향감각을 일러주는 '민족주의의 새로운 역할'(1971년 10월호) 그리고 '인간소외의 위기'(1972년 5월호)가 《다리》지에 담겨 있다.

1972년 5월호에는 안병욱 교수의 글 외에도 김종호 교수(성균관대 철학과)의 '실존과 소외' 그리고 문학평론가 김우종 교수(경희대)의 '소외를 조장하는 문학'이란 글이 실려 있다. 이 세 글을 묶어 5월호의 특집으로 '소외론의 신전개'라 타이틀을 붙였다.

이처럼 《다리》지는 당대를 풍미하는 최고의 지성·지식인을 필진으로 하여 다채롭고도 자유로운 의견의 향연을 펼쳐갔던 장으로서 역할 했다.

이상의 방향은 다음 〈표 14〉의 게재원고에서 확인할 수 있다.

〈표 14〉 '다원적 의견 및 소통의 장, 문화공간' 관련 게재 글

편집방향	구분	타이틀	필자	호
환경	만화	대기오염	(해외)	창간호
	논문·시론	한국 공해의 사회적 성격	김도현	1972. 10월호
외교·국제	권두대담	닉슨의 북경방문과 한국의 전도	신상초·양호민	1971. 8월호
	특집	한·미·일 삼각관계의 문제점	민병기	창간호
	〃	밖에서 본 한국	정연희	〃
	〃	빌리브란트의 동방정책과 그 배경	구대열	1971. 2월호
	〃	일본의 신팽창주의 움직임	송철원	1971. 8월호
	〃	일본의 재무장·군수산업	전인재	〃
	〃	두 개의 중국과 분단국의 기로	양흥모	1971. 9월호
	〃	열강각축 속의 한반도와 민족의 진로	김준희	〃
	〃	모택동 사상과 대외전략	박태근	〃
	〃	미국이 대만을 포기할 수 없는 이유	A. 도크바레트	〃
	〃	대만의 장래는 어떻게 될 것인가?	윌리엄 뷰러	〃

편집방향	구분	타이틀	필자	호
	특집	ECC의 확대와 유럽의 경제통합	김세원	〃
	〃	황하를 향한 미소작전	정용석	1971. 12월호
	〃	제3세력의 역학구조	우재승	〃
	〃	대UN정책의 신기원	이승헌	〃
	〃	변절자 UN의 미래	이중범	1972. 1월호
	〃	비동맹의 논리	양동안	1972. 7월호
	권두논문	70년대 한·일 경제협력의 전망	김성두	1970. 10월호
	〃	미·소의 대한정책 전망	정용석	1972. 7월호
	논문·시론	미국의 중공접근이 한국에 미치는 영향	김병채	1971. 5·6월
	〃	중공의 국제적 진출과 한국의 입장	김점곤	1971. 7월호
	〃	미·중공 화해의 가교 '드골'	이종호	1971. 10월호
	〃	CIA 권력을 통제하라	김갑생	1971. 11월호
	〃	아메리카 코리아에서 월드 코리아로	신상초	1972. 1월호
	〃	다원화된 4극체제 하의 아시아 경제	조용범	1972. 4월호
	연재	소련은 1984년까지 살아남을 것인가 ①~③	A. 아말리크	1972. 4월호 ~1972. 6월호
	연재/ 중국연구	중공연구① 그 초보적 시도	이영희	1971. 9월호
		권력의 역사와 민중의 역사	〃	1972. 5월호
	〃	② 모택동 사상의 기조	新島淳良	1972. 6월호
	〃	북경의 안개	로스테릴	1972. 7월호
	〃	중국의 과학과 인간	조슈어 S. 혼	1972. 8월호
	〃	문화혁명의 철학 논쟁	편집부	1972. 9월호
	연재/20C 의 문제아	① 보구엔지압	양찬규	1972. 7월호
		② 안젤라 데이비스	한남규	1972. 8월호
		③ 조지 맥거번	이성규	1972. 9월호
		④ 노로돔 시아누크	장두성	1972. 10월호
	만화			1971. 2월호
	자료	한일관계 백서 (전문)	(해외)	1971. 8월호
미래 진단	특집	서기 2000년에서 본 70년대의 한국	이항녕	창간호
	논문	나의 반전선언	이병주	창간호
	〃	젊은이의 영토	김병익	〃
	칼럼	한국 인텔리의 반지성주의	장을병	1971. 2월호
	〃	〃　탈출의 출구는 열려 있다	박연구	1970. 11월호
	〃	〃　용기 있는 생활	홍 마지아	1971. 1월호
소통	독자와의 지상 대화	민족을 위한 시련의 시대	이희승	1972. 10월호
	이색애정기	은어의 모정	정문기	창간호
	〃	어름치 부처에게 묻다	최기철	1971. 1월호
	캠페인	이달의 캠페인	김경래	창간호

편집방향	구분	타이틀	필자	호
소통	캠페인	한국을 팔자	〃	1970. 10월호
	〃	불신풍조를 조성한 주모자는?	〃	1970. 11월호
	〃	친구 부재시대	〃	1971. 1월호
	〃	생각하는 사람	배태인	1971. 5·6월
		서울에서 지방에 보내는 편지		
		〃	염기용	창간호
		〃	권영자	1970.10월호
		〃	황점석	1970.11월호
		〃	이승우	1971. 1월호
		〃	이동배	1971. 2월호
		지방에서 서울로 보내는 편지	손석기	창간호
		〃	오 영	1970.10월호
		〃	전인수	1970.11월호
		〃	김정남	1971. 1월호
		〃	심상곤	1971. 2월호
		편집자에게 / 독자에게서 온 편지		매호
		남성독신 예찬론	박무일	1970.10월호
		남성독신 불가론	김은우	〃
		여성독신 예찬론	신예선	1970.11월호
		여성독신 불가론	박기원	〃
	독자투고	민요 아리랑 애사	박영옥	1971. 2월호
	화보	화보	박설수	1970.10월호 ~
	화보·취재	보람에 산다 (시인 김소영 씨)	박설수·취재부	창간호
		〃 (건축가 조자용 씨)	〃	1970.10월호
		〃 (육영사업가 이철호 씨)	〃	1970.11월호
		〃 (영업사진가 원봉식 씨)	〃	1971. 1월호
		〃 (육영사업가 정영선 씨)	〃	1971. 2월호
문화	권두언	자기 묘혈을 파는 문화인들	김상현	1972. 7월호
	권두논문	문화적 사대주의와 문화적 쇄국주의	선우휘	1971. 1월호
	대담	문화, 그 전통과 아집	아그노엘·조자용	1970.11월호
	특집	한국표절문학 반세기(상)	신동한	1971. 2월호
	〃	작가와 거절의 정신	김희보	〃
	〃	독배의 의미/ 소크라테스	황문수	1972. 4월호
	〃	길로틴의 휴머니스트/ 모어	주요섭	〃
	〃	여명 세기의 태양/ 볼테르	손우성	〃
	〃	행동의 시인/ 이육사	구중서	〃
	〃	비애와 고뇌의 체험/ 베이유	민희식	〃
	〃	인간소외의 위기	안병욱	1972. 5월호

편집방향	구분	타이틀	필자	호
	특집	실존과 소외	김종호	〃
	〃	소외를 조장하는 문학	김우종	〃
	〃	인간 역사와 폭력	지명관	1972. 6월호
	〃	폭력과 예술	김윤수	〃
	〃	서구적 근대와 민족문학	염무웅	1972. 7월호
	〃	민족의식과 자유의식	황성모	1972. 8월호
	〃	식민지 사관의 변모	김용덕	〃
	〃	종교의 식민지적 상황	현영학	〃
	〃	사대의식과 역사의식	황문수	〃
	〃	민족문화의 전통과 오늘	구중서	1972. 9월호
	논문·시론	지훈의 시와 인간	박두진	창간호
	〃	세르방 슈라이버의 경륜	김학구	
	〃	기능주의를 통한 휴머니즘	김병익	1971. 1월호
	〃	어용문학론	구중서	
	〃	아침과 황혼의 차이	김소영	1971. 4월호
	〃	지식인과 야성	선우휘	1971. 5·6월
	〃	8·15의 문학적 수용	임헌영	1971. 8월호
	〃	가중되는 일본문화의 공해	김병익	1971.10월호
	〃	신 저항시 운동의 가능역	신동엽	〃
	〃	맹장문학 소고	최일수	1971.11월호
	〃	민족적 실증주의 사관의 정립	전해종	1971.12월호
	〃	전환기의 문학	홍기삼	〃
	〃	고전문학에 나타난 '왜'의 양상	장덕순	1972. 1월호
	〃	차관문화와 전통문화	김동욱	〃
	〃	식민지 시대의 미학 비판	박용숙	1972. 5월호
	〃	비논리의 논리	김상선	1972. 6월호
	〃	사설시조에 나타난 에로티시즘	박노준	〃
	〃	필화사건과 창작의 자유	한승헌	1972. 8월호
	연재	고자문화론	박승훈	창간호~1971. 1.
	〃	나의 감격시대/ 해외유학 15년	백낙준	1971. 2월호
		서재 속의 독립운동	이병도	1971. 4월호
	〃	나의처녀작시절/화랑의 후예와 황진사	김동리	1971. 2월호
		박영준 씨 편	편집부	1971. 3월호
	〃	중공연구 시리즈②/ 노신에서 중공집권까지	차주환	1971.10월호
	〃	변혁기의 사상가①/반극적 행위의 공헌	곽복록	1972. 1월호
	이어령칼럼	우리들의 청춘문화	이어령	창간호~1971. 2.

편집방향	구분	타이틀	필자	호
	칼럼			
		책읽기를 권한 반생	김소영	창간호
	〃	소피스트를 생각한다	황문수	1970.11월호
	〃	문학으로 살다 간 三島由紀夫	김소운	1971. 1월호
	〃	상	박치원	〃
	〃	문화─점잖은 색깔의 책	이원두	〃
	〃	문화─국립교향악단	권영자	1971. 2월호
	인물평전	최시형의 생애와 사상	최동희	창간호
	〃	복자 김 앙드레아 대건	유홍렬	1970.10월호
	〃	만해 한용운	정광호	1970.11월호
	〃	월남 이상재	전택부	1971. 1월호
	〃	단재 신채호	민병산	1971. 2월호
	〃	고균 김옥균	김정남	1971. 3월호
	〃	도원 김홍집	〃	1971. 4월호
	〃	인술제민의 의인 지석영	이대영	1971. 5·6월
	〃	고당 조만식 선생	오영진	1971. 9월호
	서평	《성북동 비둘기》와《동천》	김현승	창간호
	〃	한국문학전집	임헌영	1970.10월호
	〃	국회의원들 저서 붐	강인섭	1971. 1월호
	문제 희곡	구리 이순신	김지하	1971.11월호
	〃	미시시피 씨의 결혼 ①~④	뒤렌마트	1972. 6월호 ~1972.9월호
	〃	나폴레온 꼬냑	김지하	1972. 9월호
	권두시	언제 만나고 살 것인가	박봉우	1971.10월호
	시	서울	김광섭	창간호
	〃	신문기자	강인섭	〃
	〃	사랑의 동전 한푼	김현승	1970.10월호
	〃	별가	정공채	〃
	〃	여수	홍윤숙	1970.11월호
	〃	틀	윤금초	〃
	〃	우리 딸 꿈은	이동주	1971. 1월호
	〃	너와 나와의 통일	박봉우	〃
	〃	산을 노래함(Ⅱ)	김춘석	〃
	〃	나의 조국	김소영	1971. 2월호
	〃	비서직	배태연	〃
	〃	아주까리 신풍	김지하	〃
	〃	물로 칼을 베는 방법	조태일	1971. 3월호
	〃	다시 듣고 싶다	이만근	1971. 4월호
	〃	고산자	서 벌	〃

편집방향	구분	타이틀	필자	호
	시	이팝나무의 품계	정지하	
	〃	표	김광섭	1971. 5·6월
	〃	예감하는 여행자	홍윤숙	1971. 7월호
	〃	앵적가 (장시)	김지하	〃
	〃	8월의 앙분	박두진	1971. 8월호
	〃	으악새	김소영	〃
	〃	새 주소	황명걸	〃
	〃	지주각하(상)	이상화	1971. 9월호
	〃	망명욕 (장시)	주성윤	〃
	〃	단풍아 산천 (고인 미발표 유고)	신동엽	1971.10월호
	〃	권투선수 (〃)	〃	〃
	〃	변두리	김광섭	1971.11월호
	〃	손은 잡았지만	문덕수	1971.12월호
	〃	판문점의 꽃들	권일송	1972. 1월호
	〃	수도점경	박지수	1972. 4월호
	〃	우리들은 알았다	이봉래	1972. 5월호
	〃	아니 땐 굴뚝의 이런 연기	성권영	〃
	〃	크레파스화 / 선인장	유강환	〃
	〃	자수	민윤기	〃
	〃	자유의 바람	김광섭	1972. 7월호
	〃	수락산의 하변	천상병	〃
	〃	8월	김광협	1972. 8월호
	〃	시상	정현종	〃
	〃	문밖에서	정중수	〃
	〃	산읍기행	신경림	1972. 9월호
	〃	너, 누구냐	김소영	〃
	〃	노래 전봉준	권일송	〃
	여류 시 15인 집	불면	김선영	1971.10월호
		별리	김양식	〃
		맨드라미	김여정	〃
		어떤 흐린 날	김지향	〃
		1972년	김초혜	〃
		우리들의 귀로	김혜숙	〃
		과실	김후란	〃
		유령	문정희	〃
		전개	박정희	〃
		검푸른 물 속을 헤엄치다가	신동춘	〃
		섣달	유안진	〃
		연꽃으로 피었다가	임성숙	〃

편집방향	구분	타이틀	필자	호
		등대	조순애	〃
		산은	추영수	〃
		수련을 보며	허영자	〃
	소설	방귀소리	남정현	창간호
	〃	조그만한 시민	정을병	1970.10월호
	〃	어두운 바다	송상옥	1970.11월호
	〃	희극교서	신상웅	1971. 1월호
	〃	팁 이야기	하근찬	1971. 2월호
	〃	섬 사람들	신석상	1971. 3월호
	〃	이 거룩한 이향을	백시종	1971. 8월호
	〃	여행에서 한국을	장을병	1971. 9월호
	〃	코리아 산책 ①~③	남정현	1971.10월호 ~1971.12월
	〃	이 민중의 죽음	박용숙	1971.10월호
	〃	앉은뱅이	한문영	1971.12월호
	〃	망령 첨지	유승휴	1972. 1월호
	〃	다듬이질하는 여인 (개천상 수상작품)	이회성	1972. 4월호
	〃	관절염	윤정규	〃
	〃	금모래빛	이문영	1972. 6월호
	〃	물 긷는 어린애	이회성	1972. 7월호
	〃	미필적 고의	신석상	〃
	수필	축구의 대화	장선영	1971. 7월호
	〃	공가의 변명	공덕룡	〃
	〃	생일 선물	이경희	〃
	〃	무제무죄	장현태	1971. 8월호
	〃	시대와 은어	윤재천	〃
	〃	식자우환	박연구	〃
	〃	단상 2제	김상선	1971. 9월호
	〃	골프 망국론	손충무	〃
	〃	아파트의 신화	진인숙	1971.10월호
	〃	침식근성	장백일	〃
	〃	주일대사	심재언	〃
	〃	한글전용계획의 현황	남광우	1971.11월호
	〃	양식의 의미	정봉구	〃
	〃	권위주의	박용주	〃
	〃	병재락	박문하	1971.12월호
	〃	주체 초년생	박찬계	〃
	〃	윗물이 맑아야	박평주	〃
	〃	개똥인심	원응서	1972. 1월호

편집방향	구분	타이틀	필자	호
	수필	서울의 갓쟁이	김보수	"
	"	감각의 민주화	윤홍로	"
	"	사과만 먹는 여인	서정범	1972. 5월호
	"	스페어 시대	박연구	
	"	어리둥절한 그날	박봉우	1972. 8월호
	"	집안 망했네	차동식	"
	"	교정적 인생론	한태석	"
	"	도상에서의 고민	장영창	"
	수필(연재)	'목근통신'에서 20년 ①~②	김소운	1971. 8월호 ~1971. 9월
	"	조국의 젊은이에게 ③~⑤	"	1971.10월호 ~1971.12월
	"	원에게 주는 글 ①~②	김동길	1972. 1월호 ~1972. 4월

민주언론 사수

1971년 8월호에 지명관(덕성여대 교수)의 '미국 언론파동의 교훈'이 실려 있다. 그 내용은, 미국《뉴욕 타임즈》지가 국가 기밀문서를 입수하여 3개월에 걸친 장고 끝에 신문에 보도한 사실에 관한 것이었다. 당시 이 보도를 본 미국의 검찰총장이 국가의 손실이라며 중단을 요청하였음에도, 신문사 측은 이에 불응했다. 필자 지 교수는 이와 같은 신문사 측의 보도사실 및 내막에 대하여 논평함으로써 미국의 언론자유에 대하여 독자로 하여금 재고하게 했다.

《뉴욕 타임즈》지에 1971년 6월 14일자로 보도한 이 국가 기밀문서는 '펜타곤의 베트남 연구에서 발췌한 중요 텍스트'였다. 이를 두고 《워싱턴 포스트》《더 타임즈》《르 몽드》《베트남 데일리 밀러》《동아일보》등의 지지를 받은 내용까지 본문에 싣고 있다.

필자는 언론의 사명이 사실보도라는 데 높은 가치평가를 하였다.

당시의 존슨 대통령이 공적으로 내세운 전쟁중단의 명분은 "미국의 젊은이들이 아시아의 젊은이들을 위하여 싸우게 하는 것을 원치 않는다"(1964년 9월 25일)였지만, 기실 '작전 34A'(1964년 2월 1일)에 입각한 사전계획에 의한 것이었다. 《뉴욕 타임즈》의 입장은, 이 폭로가 가져올 대통령의 이미지 실축보다 더 중요한 것이 '불신감을 조장하는 것이 이러한 사실이지 그 사실을 알고 시정하자는 자세가 될 수 없다'는 논지를 폈다. 필자 지명관 교수는 다음과 같은 논평을 곁들였다;

내 나라의 대통령이라고 하여 잘하든 못하든 무조건 지지한다는 것은 참으로 위험하다고 생각하는 것이다. 다만, 사실에 직면하여 진리의 입장을 추구해가는 길만이 미국사회를 오늘의 위기에서 구출할 수 있다고 생각한 것이다.

더욱이 오늘처럼 미국 역사에 있어서 대통령의 권한이 가장 강력하게 되어진 마당에서는 옳든 그르든 국가는 지지하여야 한다는 입장은 위기를 몰아올 수 있다. 그것은 민주사회를 위태롭게 한다. 더욱이 행정부가 뉴스를 조작하고 조정한다면 민중은 완전히 기만상태에 놓이고 만다. (중략)

언론의 역할을 강조한다면 우리는 이른바 언론의 횡포를 문제 삼으려고 하는 행정부의 태도를 생각하지 않을 수 없다. 물론 언론의 자각과 자제를 촉구하지 않을 수 없다. 그러나 언론의 과잉보다 언론을 억압하는 정치권력의 과잉이 훨씬 더 무서운 해독을 끼친다.

제목 아래 편집자의 주석이 달려 있는데, 당시 한국의 언론·출판의 자유 실정에 미루어볼 때, 특히나 언론탄압을 받던 《다리》지로서는 매우 강한 주장을 담은 것으로 보인다.

언론은 그 무엇보다 강하다. 진리의 발견과 사실의 보도는 언론의 사명. 기밀의 보도가 국가를 위태롭게 하지는 않는다.

1971년 9월호는 월간《다리》지 창간 1주년 기념호였다. 이 1년 동안《다리》지는 필화로 인한 고초를 겪었고, 9월호에는 이 언론탄압에 관한 생생한 경험 등을 좌담란에 실었다.

무죄판결이 나기까지 혹독한 언론탄압을 받았음에도 민주언론을 사수하고 의견지로서의 사명을 다하고자 하는 특별좌담 '민주언론의 전열에 휴식 없다'는 《다리》지 언론투쟁 1년의 결산'이라는 부제에 따라 탄압의 당사자였던 필자 임중빈, 발행인 윤재식, 편집 겸 발행인 윤형두 3인과 고문인 국회의원 김상현, 편집장 박창근이 좌담 참석자였다.

김상현: 여기 수난의 주인공 세 분이 자리를 같이하셨습니다만, 정말 미안하고 나를 대신해서 옥고를 치렀다는 점에 뭐라 송구스러운 말씀을 드려야 할지 모르겠습니다. 이 잡지를 문제 삼은 것은 대통령 선거를 앞두고 내게 정치활동이라든가 다른 일체의 활약을 금지시킬 목적으로 《다리》지의 기능을 마비시키고자 필화사건이란 걸 만들어냈던 것이라고 봐요.

임중빈: 우리가 상식적으로 생각해볼 때, 필화사건이란 글이 게재된 즉시로 발단되게 마련 아닙니까. 지난날 함석헌 옹의 필화사건이나 '오적' 시 사건 같은 것도 그러한데《다리》지는 4~5개월 후에야 일어났으니 무슨 흑막이 있는 게 아닙니까?

윤재식: 필화사건 당시 나는 신민당 대통령후보 김대중 씨의 공보비서를

담당, 40대의 김대중 후보가 탄생하자 집권당이 당황한 것은 사실이었습니다. 야당에 관련된 것은 모두 탄압을 하기 시작했습니다. 《다리》지 사무실의 기관원 급습 및 세무사찰 등…… 《다리》지 정기구독자에게는 우체국에서 분명 발송했는데도 배달되지 않은 사례가 허다합니다.

윤형두: 책이 나오면 시중 배포 48시간 이전에 문화공보부에 납본하였고, 관할 경찰서 정보계 형사가 2~3권의 책을 가져가는가 하면 대공사찰 기관에서도 위법성 여부의 내용검토를 하는 걸로 알고 있는데, 발행일로부터 거의 5개월 가까이 되어 말썽된 것부터가 조작이 아닌가 하는 것입니다.

임중빈: 《다리》지 1970년 11월호 특집 중 본인이 집필한 '사회참여를 통한 학생운동'을 문제 삼아 우리 3인이 전격 구속된 뒤에도 그 책이 압수되거나 시중에서 판매금지를 당한 일도 없지 않습니까? 이런 필화사건이란 전무후무하겠군요.

윤형두: 생각해보면, 학생문제를 언급한 글을 물고 늘어진 것은 두 가지 뜻을 지니는 것 같아요. 임중빈 씨가 김대중 후보의 전기집필에 관여하고 있었다는 점과 당시 학생들의 움직임이 부정선거를 용납하지 않겠다는 일련의 동요가 보이자 학생들의 행동반경을 좁히기 위해 학생문제를 테마로 한 글을 필화사건으로 다룸으로써 이중의 효과를 노린 것이 아닌가 생각해볼 수도 있겠죠.

이상의 좌담내용에서 왜 《다리》지가 언론탄압을 받았는지에 대한 이유가 드러난다. 권력을 위한 야당탄압의 일환이었던 것이다. 그러나 이 좌담을 통해 《다리》지는 민주언론 사수를 위하여 나아갈 방향을 다음과 같이 밝힌다.

김상현: 이번 일을 치르면서 우리가 자랑스럽게 여기는 것은, 지난날 투지 만만하게 싸워온 언론계 선열들을 본받아 고통과 수난을 당하면서도 거기 굴복하지 않고, 또 권력기관에 야합하지 않았으며, 최악의 경우 투옥되기도 하면서 언론활동을 계속하고 있음은 일종의 영광이요 떳떳한 명예가 아닌가 봅니다.

언론기관이나 정치인이 시시비비를 분명히 가릴 줄 아는 사명의식에 투철해야 할 것입니다. 국민을 기만하고 우롱하는 일이 있어서는 안 될 일입니다. 더 큰 고난이 있더라도 감연히 싸워나가야 할 일이 아니겠습니까. 좀더 사회와 민족에 기여하자는 다짐을 나는 강조해둡니다.

임중빈: 《다리》지가 민주언론으로서 최선두에 서서 다시금 선전분투해야 하겠는데, 구체적으로 첫째 비판활동의 발판이 되는 공기公器가 되어야 할 것이고, 둘째로 오늘날 침체된 지성의 개발에 최선을 다하는, 다시 말해서 위기상황의 타개에 보다 과학적이고 분석적인 지성의 교두보 구실을 해야 하겠다는 것입니다. 셋째로, 민족활로를 개척하는 잡지로서 민족운동에 새로운 기수가 될 역군들에게 늘 끊임없는 활력소를 주는 알찬 잡지가 돼야 하지 않겠는가 생각해봅니다.

윤형두: 나는 우리가 겪은 서너 달의 옥고나 여타의 수난이 아무것도 아니었다고 말하고 싶습니다. 전태일이나 김진수 같은 사람은 근로자의 생활개선을 위해서 마침내 목숨까지 버렸고, 그보다도 더욱 중요한 일들은 신문에 한 줄도 나지 않고 의를 위해 싸운 사람들, 조국의 수호를 위하여 이름 없이 산화한 무명용사들이나 조국의 광복을 위해 이름 없이 금계산 기슭에 묻힌 선국열사를 생각해볼 때 그리고 그 악착스러운 관권의 탄압 속에서도 우리에게 소신대로 무죄를 선고한 법관의 값비싼 노고에 비긴다면, 우리의 일은 아무것도 아니기 때문입니다. 은혜로운

애국선열과 양식의 수호 대열에게 우리가 보답하는 길은 참다운 민주언론을 위해서 오직 최선을 다하는 길입니다.

1971년 11월호에는 1971년 9월 22일 있었던 국회 제78회 14차 대정부 질문에서 '언론탄압의 진상'에 대한 내용을 답변까지 지면에 공개하고 있다. 질의를 한 김한수 의원은 "언론자유 침해자에 대한 엄벌법을 제정해야 한다"고 주장했다.

오랜 민주주의를 가진 나라에서는 언론자유는 누구도 침범할 수 없다는 판례와 함께 불문율로서 있는 것입니다.
우리나라에서는 헌법 18조 8조 32조에서 언론자유에 관한 포괄적 규정을 하고 있지만, 민법 형법에서는 물론이요, 선거법 반공법, 또 며칠 전에 여기에서 논란이 됐던 언론윤리위원회법 등 특별법에서는 언론자유를 위축시킬 요소를 충분히 내포하고 있습니다.
또, 역대 집권자들이 이를 악용한 사례를 우리는 수없이 보아왔습니다.
최근만 하더라도 우리 동료의원인 김상현 의원이 운영하는 월간《다리》지가 작년 11월호에 학생운동 특집을 실었다가 말썽이 되어가지고 편집인 등 3명이 반공법 4조 1항 피의사건으로 구속 기소되었다가 결국 법원의 현명한 판단 아래 무죄선고를 받고 석방이 되었습니다.
이것은 현실비판은 바로 반정부요, 반정부는 바로 반국가요, 반국가는 바로 용공이라는 방정식에 의한 현정부의 전단적인 언론정책의 허구를 반증한 실례라고 하겠습니다.
함석헌 선생에 의해서 출판되는 월간《씨올의 소리》도 문공부에 등록된 인쇄소가 아닌 곳에서 인쇄되었다는 이유 때문에 등록취소를 당했다가 고등법원과 대법원에 의해서 승소판결을 받았습니다.

대법원의 이 판시는 현행 신문 통신 등록에 관한 법률 자체가 위헌성을 제시하는 것이라고 보기 때문에 이것이 그대로 확정이 된다고 할 것 같으면 현행 이 법률은 폐기되어야 할 운명에 처해 있다고 생각을 합니다.

김한수 의원은 이어서 지난 3년에 걸쳐 ①38명의 언론인이 반공법 저촉으로 입건되었다가 기소유예 및 집행유예를 받은 5인을 제외하면 전원 무죄였던 언론탄압의 사례 ②형사사건으로 기소되었다가 무죄석방된 사례는 기자협회에 의해 '관권의 보복'임이 밝혀지기도 했다. ③경찰 또는 특수기관원으로부터의 피습받은 50건의 사례 외에도 ④중앙정보부 등 외부의 부당한 간섭을 받아온 사례는 헤아릴 수 없다고 했다.

김한수 의원의 대정부 질문의 요지는 다음과 같다.

1. 언론인들의 언론자유 수호 선언 등 참을 수 없는 막다른 골목에 선 언론인들의 이 절규를 김총리는 끝내 외면할 것인지, 김총리가 언론정책 전환에 대한 일대 영단을 내릴 수 있는지?
2. 전 언론인과 국민이 열망하는 언론윤리법의 폐기안과 함께 진정 언론자유를 보장하는 언론기본법안을 국회에 내놓을 용의가 없으신지?
3. 중앙정보부원 등 특수기관원들로 하여금 더 이상 언론을 탄압하지 않을 것인지, 탄압을 계속하겠다면 언제까지 할 것인지?
4. 중앙정보부가 언론에 간섭하게 하는 법적 근거는 무엇인지? 중앙정보부를 해체할 용의는 없는지?

1972년 4월호에는 김동길 교수의 '원媛에게 주는 글'(Ⅱ)에도 이러한 대목이 있다.

어느 유력한 신문사의 청탁을 받고 글을 썼더니 '걸린다'는 이유로 못 싣겠다는구나. 그걸 여기 적어볼 터이니 네가 읽고 판단을 해주기 바란다.

그가 퇴짜를 맞았던 글의 내용은 이 나라의 '양심'을 과연 어디서 찾을 것인가에 관한 것이었고, 《다리》지는 이 글을 통해 그 내용을 전재한 셈이 되었다. 신문윤리위원회에 걸릴 만한 강도에 이르지는 않은 듯하나 필자 김동길은 우리나라 언론자유에 대해 통탄하는 계기가 되어 이러한 심정을 토로하는 장으로서 《다리》지에 담은 것이다.

자유를 위해서 우리는 대한민국에 살고 있다. 말할 자유, 글 쓸 자유가 없다면 결국 아무 자유도 없는 것이다. '자유 아니면 죽음을 달라'고 부르짖은 사람이 누군지 알고 있지? 참 그런 사람의 기백이 좋구나. 한 번 죽을 일을 시원하게 죽어버리지, 구구히 권력 앞에 허리를 굽히고 변명을 하면서까지 살고 싶은 마음은 없다.

1972년 8월호에는 필자 한승헌(변호사)의 '필화사건과 창작의 자유'가 실려 있다. 1972년 6월 26일 앰네스티 한국위원회의 강연문을 전재한 것이다.

우리나라에 있어서도 필화사건은 적지 않게 있었다. 방송 드라마 〈앵무새〉, 소설 〈분지〉, 장시 〈오적〉 등이 그 예에 속한다. 언론에 관련되는 필화에서도 그러하듯이 창작물을 둘러싼 필화에도 몇 가지 주목할 현상이 있다. 명예훼손, 프라이버시 침해, 음란 등이 논란의 불씨가 되는 외국의 경우와는 달라 여기에서는 용공이적容共利敵의 혐의가 주된 공격이었다는 점이다. 이는 우리가 살고 있는 공간적인 특수상황에서 빚어진 통증이라고 할 수 있고 자유와 권력의 개발도상적 증세라고 볼 수도 있다. (중략)

형사문제로 입건, 수사하는 그 자체가 작가의 편으로서는 일응 수난에 속한다. 자기 작품이 과연 법에 저촉되는지를 끝내 밝혀보겠다는 생각으로 호연하게 맞서기에는 여러 가지 제약이 있다. 직간접 위축이 생기고 정신적 좌절에 직면한다.

'걸리지 않게' 써야 한다는 생각이 앞서는 그 자체가 이미 창작의 자유를 녹슬게 한다. '좋은 작품'을 생각하기보다는 '말썽 없는 작품'으로 안일할 때, 문학정신은 위기에 들어갔다 해도 지나친 말은 아니다.

<표 15> '민주언론 사수' 관련 게재 글

편집방향	구분	타이틀	필자	호
민주 언론	권두언	광야에 외친 정론 1년		1971. 9월호
	"	'다리'지 하나만은 빼앗기지 말도록	박종률	1972. 5월호
	"	출판의 자유는 누구도 꺾을 수 없다	이택돈	"
	좌담	민주언론의 전열에 휴식 없다	김상현·임중빈·윤형두·윤재식·박창근	1971. 9월호
	특집	언론자유의 과제 보도조작의 분석	송건호	1971. 1월호
	논문	소작지대로서의 한국언론	이수언	1971. 3월호
	"	신문의 정치적 기능	송건호	1971. 4월호
	"	한국 언론파동의 교훈	지명관	1971. 8월호
	"	한국 신문 탄압사	정진석	1972. 5월호
	"	자유언론의 시련	한승헌	1972.10월호
	"	월남의 언론 탄압상	홍사덕	"
	자료	언론의 진실과 국가의 길	편집부	1971. 7월호
	"	다리지 언론 수난사		1971. 9월호
		공소장,변론서, 판결문 전재		1971.11월호
	특별자료	언론탄압의 진상은 이렇다!		
	수필(연재)	원에게 주는 글 II	김동길	1972. 4월호

이상의 방향은 〈표 15〉의 게재원고에서 확인할 수 있다.

3. 월간 《다리》지의 구성적 특성

《다리》지는 국판菊判의 판형判型이었다. A5 사이즈에 가까운 152×218㎜의 크기로서 창간호부터 종간호에 이르기까지 이 판형을 유지하였다.

지면은 대체로 200쪽 이상이었으므로 월간지로서는 꽤 많은 내용을 담고 있었고, 광고 또한 적지 않은 지면을 차지하였다. 다양한 기획을 담지하였으므로 외형적으로 종합 월간지에 속했다.

표지 디자인

표지 디자인은 크게 4유형으로 구분할 수 있다.

초기에는 우리 민족의 얼이 담긴 문화재 사진을 클즈업시켜 표지에 가득 담았는데, 표지 디자인에 대한 의미를 설명하는 지면이 한 면을 차지하고 있다.

두 번째는 면으로 구분한 단순한 디자인인데, 면에 사용하는 색을 호별로 각각 달리하는 구분방식을 취하고 있다. '월간 다리'라는 잡지명도 캘리그래피를 채용하고 있다.

세 번째는 창간 1주년을 맞아 '대화의 가교'에서 '민족활로의 가교'로 잡지의 성격을 굳히는 동시에 체제 자체를 대폭 바꾸었다.

왼쪽에서 오른쪽으로 지면구성하던 가로짜기 체제를 오른쪽에서

<표 16> 월간 《다리》지 표지 디자인의 변천

유형	사례	호	표지 디자인의 특성	디자인 전환 이유
민중의 얼 상징적 이미지		창간호 ~ 1970. 12월호	창간호의 가면은 고려시대 중엽 만들어진 것으로 추정되는 민족문화 유산이다. 우리의 얼이 담긴 문화재를 표지에 내세움으로써 사라져가는 얼을 찾는다는 취지의 사진을 전면에 전개. 제4호까지 같은 양식의 표지 디자인.	민족의 얼이 담긴 문화유산 소개 및 전승
참신·모던 공론장 이미지		1971. 2월호 ~ 1971. 8월호	제5호부터 잡지명에 캘리그래피를 사용하고 로고를 제작하는 등 표지를 쇄신하였다. 로고는 다리와 펜 그리고 폭풍의 눈과 같은 핵심을 찌르는 의미를 담고 있다. 연구성을 하고 각 호별로 면의 색을 달리하는 디자인이므로 제호와 내용, 월호 등 문자가 강조되고 있다.	1971. 1월호 결간 후 쇄신. 제호 아래 '대화의 가교' 명시
역사의식 중심 이미지		1971. 9월호 ~ 1972. 1월호	제11호부터 체제를 오른쪽에서 왼쪽으로 지면구성하는 전면쇄신을 꾀하는 동시에 표지 디자인도 바꾸었다. 캘리그래피도 김기승의 글씨로 바꾸고, '월간'을 한자 '月刊'으로 바꾸었다. 바탕에 흑백사진을 불투명도를 낮추어 엷은 톤으로 전면을 아우르게 하고 문자를 더욱 눈에 띄도록 구성하였다.	창간 1주년 기념 체제 전면 쇄신. 제호 아래 '민족활로의 가교' 명시. 잡지성격 전환
행동하는 지성 이미지		1972. 4월호 ~ 1972. 9월호	제14호는 복간호이다. 2개월 휴간 후 복간한만큼 '언론의 자유'에 대한 갈망이 행간에 담겨 있다. 억압으로부터 '백의종군'하는 의도를 담아 백색 바탕에 문자 위주로 구성하고 있다.	2개월 휴간 후 복간

왼쪽으로 지면구성하는 세로짜기 체제로 전면쇄신을 꾀하던 시점이라 표지 또한 다르게 구성하기 시작하였다. 표지 바탕에 사진을 불투명도를 낮추어 망점처리한 엷은 톤으로 전면을 아우르게 하고 문자를 더욱 눈에 띄도록 구성하였다. '월간'을 한자 '月刊'으로 바꾸고 '月刊' 및 '다리'라는 잡지명도 캘리그래피를 바꾸었다. 쇄신된 1971년 9월

호부터 목차 면에 '표지제자題字: 김기승金基昇'으로 명시되어 있다.

네 번째는 휴간 이후 복간을 한 연후에 흰 바탕색, 문자 위주의 가장 단순한 디자인으로 변모하였다. 잡지명 캘리그래피는 그대로 사용하면서 잡지명 왼쪽에 세로로 썼던 '月刊'자를 잡지명 상단으로 하고, 오른편 하단 맞춤의 목차로 구성된 단순한 표지를 사용하였다.

이상의 표지를 나누어 보면 〈표 16〉과 같다.

지면 구성

《다리》지는 제11호인 1971년 9월호 창간 1주년 기념 특대호를 기점으로 지면구성 방식을 바꾸었다. 표지로부터 판면 체제면 모두 전면 쇄신한 것이다.

횡서체로부터 종서체로 바뀜에 따라 가로짜기 편집이 세로짜기 편집으로 바뀌었고 독자의 요구에 따라 증쇄增刷했으며 250면으로 증면함으로써 명실공한 의견지로서 자리매김한 종합지의 면모를 갖추게 되었다.

〈그림 6〉과 같이 지면수의 변화가 있었다. 《다리》지 필화사건이 결정적이었다. 필자와 함께 《다리》사 대표 그리고 편집인 겸 주간을 구속함에 따라 발행 자체가 흔들렸던 것이다. 그러나 '무죄판결'을 받고 다시 심기일전하여 체제를 대폭 확대하는 등 창간 1주년 기념호부터 쇄신을 꾀하였다.

1971년 8월호 마지막 쪽에 실린 7월 20일자 사고社告이다.

본지는 차호(9월호)로 창간 1주년이 됩니다. 그 동안 본지를 위해 격려와

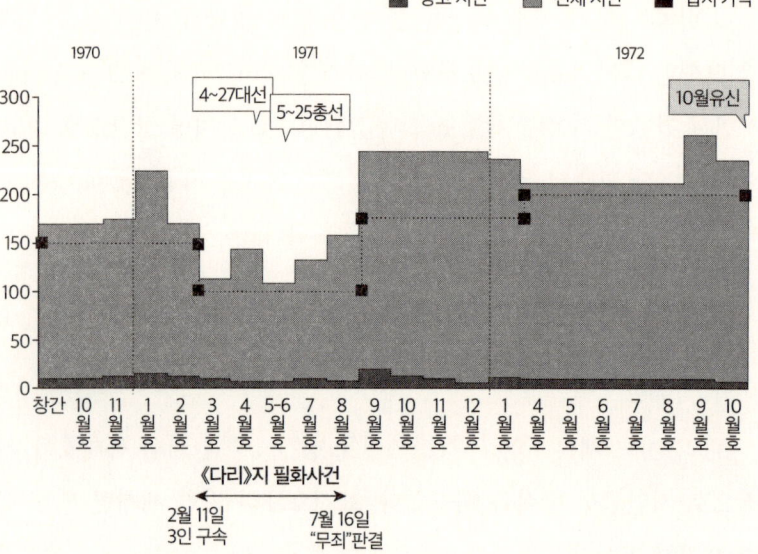

<그림 6> 월간 《다리》지의 지면변화 추이

충언을 주신 분들께 진심으로 감사드리며, 아울러 다음호부터는 체제, 내용 다같이 전면 쇄신되어 증면 발행됨을 알려드립니다.

(다음)

① 매월 25일 전에 서점에 나갑니다.

② 200면 이상으로 증면됩니다.

③ 표지로부터 모든 면이 경신됩니다.

〈그림 6〉에서처럼 150원으로 출발했던 잡지가격은 지면수에 따라 정가를 100원으로 내리기도 하고 180원, 200원으로 올리기도 하는 등 변화를 보이고 있다.

발행부수는 창간 후 3만 부 이상을 발행했으므로 당시로서는 꽤 영향력 있는 잡지였다. 《한 출판인의 자화상》(2011)에서 저자 윤형두

(2011, 325쪽)가 발행부수에 대해 언급한 부분이다.

《다리》지는 비판적인 인사가 많이 참여해 야당지나 다름없었다. 그래서 창간된 지 얼마 안 되어 3만 부 넘게 발행되었다.

본문의 활자크기는 9포인트 명조체 위주였으며 8포인트~9포인트를 지면의 구성에 따라 다양하게 사용하였다. 명사 및 고유명사는 주로 한자를 사용했다. 한글 다음에 괄호를 이용해 한자를 넣은 방식도 없지 않으나 당시의 일간지와 같이 주로 한자를 섞은 지면으로 구성했다.

지면은 2단을 위주로 했고 대담이나 인터뷰 등의 지면은 1단 편집을 하기도 했다. 1971년 9월호부터 편집의 쇄신을 기하여 가로짜기에서 세로짜기로 전환함으로써 2단 편집을 원칙으로 했지만 간간이 다단편집 등으로 다양한 구성을 하였다.

한편, 창간 1주년호 및 2주년호에는 창간을 기념하기 위해, 그 동안 누적되어온 내용을 일목요연하게 목차를 정리해두었다.

창간 1주년호인 1971년 9월호에는 그 동안 실은 내용을 분류하여 '권두논문', '권두대담', '특집', '단일논문'으로 구분하여 목차를 정리하였고, 연재물 또는 시리즈물을 분류하여 목차를 제시하였다. 이는 '연재' '이색 애정기', '이어령 칼럼', '한국 근대 인물평전', '보람에 산다', '시사칼럼', '김경래 씨의 이달의 캠페인', '세계지성의 첨예', '나의 처녀작 시절', '르뽀', '나의 감격시대', '이 달의 인터뷰', '독자투고', '소설', '시', '수필', '자료', '만화'로 구성되어 있다.

창간 2주년호인 1972년 9월호에는 창간 1주년호의 집대성(총 5쪽)

과 다른 방식으로 2주년 동안의 구성내용을 정리하였다. 창간호부터 1972년 8월호에 이르기까지 총 20호의 목차를 각 호별로 구분하여 총 16쪽에 걸쳐 뒷부분에 제공한 것이다.

1972년 9월호에는 《다리》지 창간 2주년 기획 앙케이트가 '한국, 이대로 좋은가?'라는 제하에 실려 있다. 사회 지도층, 곧 학계·언론계·종교계 인사들로부터 학생에 이르기까지 질문에 대한 의견을 수록함으로써 잡지 기획·편집자의 의견이 아닌 일반 의견을 보여주고 있다.

또한 1971년 4월호(통권 제7호)부터 '편집자에게…'라는 독자의 편지 지면이 신설되었다. 독자가 요구하는 방향이나 실린 내용에 대한 평가 및 격려 등을 담은 지면을 만듦으로써 일방향 커뮤니케이션이 전성을 누리던 언론기에 독자와의 소통을 이루는 쌍방향 커뮤니케이션을 선도하는 언론의 기능을 수행하였다.

편집위원 및 인적 구성

창간호부터 내로라하는 인사들로 편집위원을 구성하였다.

주간을 포함한 편집위원은 해당 잡지의 콘텐츠에 결정적 역할을 한다. 편집위원의 변천은 지면의 성격에서부터 구성력 및 기획력 등의 변화에 가장 큰 영향적 요인이기 때문이다.

〈표 17〉에서와 같이 창간 1주년 기념호인 1971년 9월호부터 발행인 및 편집위원이 바뀌면서 잡지의 쇄신을 기하였다. 잡지의 기획 및 편집에 관여하는 인적 구성과 잡지면모의 쇄신 그리고 콘텐츠 구성이 밀접하게 연관되어 있음을 알 수 있다.

<표 17> 《다리》지 기획·편집에 관여한 편집위원 및 인적 구성

통권	호	고문	발행인	편집인	인적 구성	주간/편집위원 (가나다 순)	컷·삽화
창간	1970년 9월호		윤재식	편집인·주간 윤형두	기획실장 김혁동 유인재, 도석환 이수홍, 이정우 조경환, 김중석 총무 이태무, 서정연 편집 박창근 취재 최의선 교열 윤길한	김경래 경향신문사업국장 남재희 조선일보논설위원 이홍구 서울대교수 장을병 성균관대교수 정광모 한국일보정치부차장 정을병 작가 탁희준 성균관대교수 황문수 고려대 강사	
2	10월호						
3	11월호						
4	1971년 1월호		강위정				
5	2월호				편집장 박창근		
6	3월호						
7	4월호						
8	(5·)6월호	고문 김상현					
9	7월호		유인재	편집인 윤형두	편집장 박창근 편집차장 한문영 기자 박세균	주간 구중서	
10	8월호						
11	9월호		발행·편집인 윤형두		편집장 박창근 기획부장 임헌영 취재부장 한문영 기자 박세균	주간 엄기형 김동길 연세대교수 박현채 경제학자 장을병 성균관대교수 탁희준 성균관대교수 한승헌 변호사	박설수
12	10월호						
13	11월호						
14	12월호						
15	1972년 1월호		발행·편집·인쇄인 윤형두		편집장 박창근 기획부장 임헌영 취재부장 한문영 취재차장 윤길한 기자 박세균, 손보홍, 공창덕, 김용우 영업부장 서정연		
16	4월호	기획고문 박종률			기자 김유문, 이용복		정준용
17	5월호						
18	6월호	편집고문 이택돈					
19	7월호						이안세
20	8월호						
21	9월호	고문 김상현					
22	10월호						

삽화

〈표 17〉의 인적 구성 중 삽화담당의 성명이 창간 1주년 기념호부터 명시되기 시작, 1971년 9월호 목차 지면에 '본문컷: 박설수'로 명시되어 있다. 그 이전의 컷이나 삽화의 사인과 유사한 것으로 보아 박설수의 삽화 및 컷이 처음부터 실린 것으로 짐작된다.

박설수는 창간호부터 기획되고 연재된 화보 '보람에 산다'의 사진 및 사진 캡션 글을 실어왔으므로, 통권 15호까지 꾸준히 사진을 담당하면서 컷과 삽화 작업을 같이 해온 것으로 보인다. 이후, 정준용, 이안세로 컷과 삽화 작업이 이어졌다.

재미있는 것은 1971년 7월호 114~129쪽에 실린 장시 '앵적가櫻賊歌' 지면이다. 김지하 작 '앵적가'에 실린 16장의 삽화는 시인 김지하가 직접 삽화를 그린 것이다. 시인이 자신의 시에다 삽화를 직접 그렸으므로 이보다 더 시인의 의도를 담을 수 있는 삽화는 없을 것이다.

그러나 이 삽화도 김지하가 그린 사실을 삽화 내 사인으로만 확인할 수 있었다. 그만큼 당시에는 삽화가 이름을 명시 안하는 것이 대부분이었다.

광고

광고는 잡지사업의 운영기반이 되는 자본에 해당한다. 광고사업은 판매사업보다 사세에 결정적임은 지금이나 다를 바가 없었다. 창간 직후 3만 부 이상의 발행량은 광고주의 눈길을 끌고도 남음이 있었을 것이다. 그래서 초창기에는 대기업 및 국영기업을 위시해서 굵직한 회사들의 광고가 제법 실려 있음을 볼 수 있다.

 그러나 지면수와 가격이 비례하는 것에 비해 후반기에는 이러한 광고가 일체 사라졌음을 볼 수가 있다. 외압 등 여건상 견디다 못해 휴간했던 1972년 2~3월이 결정적으로 광고량을 줄였을 뿐 아니라 대기업 및 금융권의 광고가 한꺼번에 사라지고 책 및 잡지 광고로 대체하고 있다. 그것도 윤형두 대표가 운영하는 범우사 책 광고가 태반이었고 잡지《상황》광고 역시 범우사에서 발행하던 잡지라서 광고수입이 거의 없었던 것으로 보인다. 이러한 광고의 면모는 잡지사 운영에 심대한 난항을 겪게끔 했을 것이다. 정부의 압력이 광고주에게 미쳤을 것으로 충분히 짐작이 되는 부분이다.

 윤형두(2011, 329쪽)는 필화사건을 겪기 전부터 있었던 압력을 이렇게 회고하고 있다.

 인쇄소든 제본소든《다리》지가 제작되어 나가면 2, 3일 뒤에 말쑥한 신사복 차림의 사나이가 방문했다. 용건은 없었다. 공연히 이곳저곳을 기웃거리며 시간을 보냈다. 며칠을 그러고 나면 얼마 뒤에 세무사찰이다, 소방시설 점검이다 하고 공무원들이 뻔질나게 드나들고, 공장 앞은 교통단속이 심해져 차도 정차시킬 수 없게 될 뿐더러, 우연으로 믿고 싶었지만 정전소동까지 빈번히 벌어졌다.

 광고탄압도 심했다. 심지어 무료로 내주는 광고주를 불러 돈을 얼마나 주었느냐고 따져 묻는 실정이었다.

 이 글에서처럼 광고 관련 운영내용은 〈표 18〉과 같이 휴간호까지와 복간호 이후부터의 격차가 컸음을 알 수 있다.

<표 18> 월간《다리》지의 전체 지면과 광고 지면

통권	호		전체 지면(쪽)	광고 지면(쪽)	주요 광고주	잡지가격(원)
창간	1970년	9월호	170	10		150
2		10월호	170	11		
3		11월호	174	11.5		
4	1971년	1월호	224	15.6		
5		2월호	170	11.9	삼양사, 현대건설, 현대자동차, 현대그룹, 진로, 보해, 한일시멘트, 쌍용시멘트, 대한항공, 한국무역협회, 한국전력, 대한석탄공사, 대한금융단, 한일은행, 외환은행, 한국신탁은행, 제일생명, 구일정공, 일동제약, 럭키사진관, 스타다스트관광호텔 등	
6		3월호	112	8.6		
7		4월호	144	6.1		100
8		(5·)6월호	108	6.2		
9		7월호	132	9.5		
10		8월호	158	8.2		
11		9월호	244	18.7		
12		10월호	244	11.5		180
13		11월호	244	9.2		
14		12월호	244	7		
15	1972년	1월호	236	10.5		
16		4월호	212	8.5		
17		5월호	212	8.7		
18		6월호	212	9.7	도서출판 범우사, 문예출판사, 삼성당 출판사, 도서출판 한얼문고 인문출판사, 잡지사《상황》	200
19		7월호	212	9.2		
20		8월호	212	8.9		
21		9월호	262	9.5		
22		10월호	236	6.2		

 1972년 1월호 이전에는 주로 대기업이나 공기업, 은행의 전면광고를 게재하였다. 출판사의 도서광고는 전면광고도 없지는 않았지만 대체로 돌출광고나 1/4~1/2지면을 차지하곤 했다. 그러던 것이 복간호 이후에는 예전의 기업광고가 사라지고 그 자리에 도서광고가 전면광고로 등장함으로써 광고지면이 현저하게 달라져 있다. 그것도 주로《다리》지 발행·편집·인쇄인이었던 윤형두가 운영하는 범우사의 도서광고였으니, 어느 누가 보아도 1972년 이후부터 극심한 광고탄압을 받은 것으로 짐작할 수 있다.

인쇄

《다리》지 창간 1주년 기념호인 1971년 9월호에 특별좌담 '민주언론의 전열에 휴식 없다'에 《다리》지 실무진의 좌담이 실려 있다. 임중빈(문학평론가·《다리》지 기획위원)의 진행으로 김상현(국회의원·《다리》지 고문), 윤형두(《다리》지 발행인 겸 편집인), 윤재식(전《다리》지 발행인), 박창근(《다리》지 편집장)이 참석하였는데, 이 좌담 가운데《다리》지의 인쇄문제, 즉 정부의 인쇄탄압을 밝히고 있다.

윤형두: 우리가《다리》지 창간을 처음 구상하기는 1969년 말이었고, 판권 신청을 '4·19민주상'의 법인체 등록을 하면서 1970년 2월 문공부에 동시에 서류를 냈던 것이죠. 그런데 이 판권이 즉시 나오지 않고, 갖은 수난과 우여곡절을 겪은 다음, '4·19민주상'의 재단법인 신청서류는 일단 반류가 되고 지난 1970년 1월 7월 29일에야《다리》지의 판권이 나와서 가까스로 9월 창간호를 낸 것이죠. 판권이 나오지 않은 이유는 인쇄인 선정이 여의찮아 말썽을 빚은 것이죠. 인쇄소를 정하여 문공부에 서류를 올리면 웬일인지 계약된 인쇄업자가 거듭 해약을 간청해오곤 했습니다. 간신히 유성인쇄소에 사정해서 창간호를 발행한 이래 작년 12월호와 금년 5월호를 결한 10권째인 8월호를 내기까지 수십 군데 인쇄소를 옮겨가며 유랑식流浪式 잡지 제작을 해온 것입니다.

임중빈: 좀더 구체적으로 말씀해보실까요?

윤형두: 창간호를 유성인쇄소에서 찍어냈는데, 그 다음호부터는 갑자기 못하겠다고 해서 삼명인쇄소로 옮겼습니다. 12월호 원고를 조판하는 중이었는데 갑자기 인쇄계약을 해약한다는 내용증명이 날아왔습니다. 이

유인즉《다리》지를 인쇄하고 있기 때문에 문공부에서 자기들이 판권신청한《주간교육》의 판권을 내주지 않는다는 것입니다. 그래서 조판중이던 원고뭉치를 들고 서대문에 있는 모 기독교신문 공무국에 가서 조판을 하게 됐습니다. 여기서도 조판이 끝나고 정판까지 다 해가는데 돌연 못하겠다는 겁니다. 손해배상을 청구하면 배상할 테니 할 수 없다는 것이에요. 이러다보니 한 달이 지나가 12월호를 결간하고 말았습니다. 이후에도 인쇄소를 몇 군데나 옮겨다녔는지 헤아릴 수 없습니다. 이런 눈에 보이지 않는 압력 때문에 우리가 의도하는 대로 책이 되질 않았고 오식 등 독자의 기대에 대해서 많은 차질을 초래하지 않을 수 없었죠.

임중빈: 박창근 씨는 편집장으로서 가장 어려운 실무를 도맡았는데, 그 쓰라린 체험담 한 토막을 부탁합니다.

박창근: 그 동안 창간호로부터 오늘까지 열 권의《다리》지를 내면서, 공장을 무려 스물일곱 군데나 옮겨다녀야 했습니다. 어느 공장에서건 우리 책이 만들어져나가면 2, 3일 후엔 꼭 말쑥한 신사복 차림의 사나이의 방문을 받는다는 겁니다. 찾아온 용건은 없습니다. 공연히 공장만 이곳 저곳 기웃거리며 시간을 보냅니다. 며칠을 그러고 나면 얼마 후엔 으레 세무사찰이다, 소방시설 점검이다 하고 들락거리고, 공장 앞의 교통단속이 심해져 차도 정차시킬 수 없게 할 뿐 아니라, 우연이겠지만 정전 소동까지 빈번해진다는 것입니다. 광고에 있어서도 탄압은 가혹합니다. 이래서야 언론창달이니 문화육성이니 하는 그 멋진 슬로건이 낯뜨겁지 않겠습니까?

이와 같은 인쇄탄압은 결간을 피하기 어려웠다. 인쇄인의 이름이 매호마다 달라질 정도였으므로 그 어려움을 짐작할 수 있다. 인쇄탄압을 받아 인쇄를 하기가 어려워지자 급기야 발행인 윤형두는 1971년 6월 인쇄소를 인수하기에 이르렀다. 윤형두(2011, 387쪽)는 이렇게 언급했다.

> 잡지를 인쇄해주겠다고 선뜻 나서는 인쇄소도 없었다. 그래서 나는 바로 그달 6월에 부실했던 '석당 인쇄소'를 인수했다.

《다리》지가 이후로 창간 1주년 및 2주년을 맞기까지는 인쇄탄압을 피하기 위한 인쇄소 인수가 가장 큰 관건이었던 것이다. 통권 13호인 1971년 11월호부터 판권란에는 인쇄인을 따로 명시하지 않고 '발행 편집 겸 인쇄인 윤형두'로 명기되기 시작하였다.

제 IV 부

월간 《다리》지 '필화' 사건과 그 의미

1971년 5·6월호는 5월호를 결간하고 6월호를 내면서 붙인 호명號
名이다. 권두방담 '지성은 살아 있나?'를 보면, 사회를 맡은 김상현(《다
리》지 고문)이 서두에 이러한 얘기를 하고 있다.

> 김상현: 저희 《다리》지는 사상계 폐간 이후 언론창달과 사회정의에 이바지
> 하려는 새로운 각오로 발행되었습니다. 그러나 2년 남짓한 짧은 기간
> 동안에 다리지가 겪었던 수난은 이루 말로 다할 수 없을 정도입니다.
> 지금도 옥중에서 고생하는 동지들을 두고 이런 좌담회석상에 제가 앉
> 았다는 사실을 상기할 때 그 착잡한 심정 형언할 수가 없습니다. 그것
> 은 제가 받아야 할 고난을 동지들이 대신 당하고 있다는 데서 느껴지는
> 안타까움일 것입니다.

이 내용을 통해 월간 《다리》지가 겪는 고초를 독자에게 간접적으로
나마 전달하고 있었다. 이 글에서 말하는 '고난'이란 바로 세간에서 일
컫는 '《다리》지 필화사건'이다.

1. 월간 《다리》지 필화사건의 배경

1971년 9월호는 화보에서부터 대담에 이르기까지 《다리》지 필화사건에 대하여 대대적으로 다루고 있다. 전무후무하게 조작된 필화사건이었을 뿐 아니라, 무죄선고를 받음으로써 '언론의 자유 승리'라는 의미를 둘 수 있었기 때문이다.

《다리》지 필화사건 배경은 특별좌담 '민주언론의 전열에 휴식 없다'에 필화사건으로 구속되었다가 무죄선고를 받은 3인, 즉 필자 임중빈(문학평론가), 발행인 윤형두, 전 발행인 윤재식의 대담내용에 드러나 있다.

> 임중빈: 우리가 상식적으로 생각해볼 때, 필화사건이란 것은 글이 게재된 즉시로 발단되게 마련 아닙니까. 지난날 함석헌 옹의 필화사건이나 '오적' 시 사건 같은 것도 불과 얼마 후에 일어났는데, 이 《다리》지는 4, 5개월 후에 일어났으니 그 이면에 무슨 흑막이 있는 게 아닙니까? 또 본지의 음성적 탄압이 양성화되어가는 과정에서 무슨 단서라도 잡을 수 있었나요?
>
> 윤재식: 필화사건 당시 나는 발행인을 그만두고 신민당 대통령후보 김대중 씨의 공보비서로서 주로 매스콤 관계를 담당했습니다. 이건 모두가 잘 아는 사실이지만 신민당에서 민주적인 표대결에 40대의 기수 김대중 후보가 탄생하자 집권당이 당황한 것은 사실이었습니다. 일종의 노이로제에 걸려가지고 야당에 관련된 것은 모두 탄압을 하기 시작했습니다.
>
> 윤형두: 책이 나오면 문화공보부에 시중배포 48시간 이전에 납본을 하였으

며, 관할 경찰서 정보계 형사가 와서 2, 3권의 책을 가져가는가 하면 또 대공수사 기관에서도 위법성 여부의 내용검토를 하는 걸로 알고 있는데, 발행일로부터 거의 5개월 가까이 되어 말썽된 것부터가 조작이 아닌가 하는 것입니다.

임중빈: 《다리》지 1970년 11월호 학생문제 특집 중 본인 집필의 '사회참여를 통한 학생운동'을 문제 삼아 우리 3인이 전격적으로 구속 기소된 뒤에도 그 책이 압수되거나 시중에서 판매금지를 당한 일도 없지 않습니까? 이런 필화사건이란 전무후무하겠군요?

(중략)

윤형두: 생각해보면, 학생문제를 언급한 글을 물고 늘어진 것은 두 가지 뜻을 지니는 것 같아요. 임중빈 씨가 김대중 후보의 전기傳記 집필에 관여하고 있었다는 점과 당시 학생들의 움직임이 부정선거를 용납하지 않겠다는 일련의 동요가 엿보이자 학생들의 행동반경을 좁히기 위해서 바로 학생문제를 테마로 한 글을 필화사건으로 다룸으로써 이중의 효과를 노린 것이 아닌가 생각해볼 수도 있겠죠.

이 대담에서 윤형두가 이렇게 언급한 데에는 근거가 있었다. 문제가 되었던 1970년 11월호 제작 당시 편집인 겸 주간이었던 윤형두는 훗날 자신의 수필집 《아버지의 산, 어머니의 바다》(1995; 2001)에 당시 상황을 이렇게 적고 있다.

이틀 전이었다.(주: 구속되기 이틀 전 1971년 2월 9일)
정보계통에 있는 M이라는 사람이 사무실로 찾아와서는 마지막 기회이니 자기 말대로 하라고 했다. 월간 《다리》지에서 손을 뗄 것, 임중빈 씨가 쓰고 있는 '김대중 회고록'을 출판하지 말 것, 범우사에서 발간하고 있는 김대중 대통령후보의 저서인 《내가 걷는 70년대》라는 책을 다시 찍지 말 것, 또 그 부록으로 발간하기 시작한 '대중 시리즈'를 중단하라는 것이었다.

그때 이미 10권으로 기획하여 첫 권 《희망에 찬 대중의 시대를 구현하자》, 둘째권 《빛나는 인권의 승리를 쟁취하자》라는 소책자를 발간했는데, 이 소책자가 효창공원 유세장에서 예상치 않은 위력을 발휘한 바 있었다. 그리고 다른 두 권은 이미 사식작업이 끝나고 김후보가 2월 12일 미국에서 돌아오는 대로 표제를 결정하여 곧 인쇄에 들어갈 준비가 다 되어 있었다.

윤형두(2011)는 훗날 회고록에 이 일을 좀더 구체적으로 밝히고 있다.

임중빈 형이 집필하던 《김대중 회고록》도 김대중 선생과의 인터뷰가 1970년 늦가을부터 본격화되어, 귀국한 다음 네댓 차례 인터뷰를 더 한 뒤 속필로 원고를 마무리하고 범우사에서 곧바로 출간할 계획이었다. 이 책이 적절한 시기에 출간되었으면 널리 읽혀져 아마도 박정희 후보의 표를 적잖이 잠식했을 것이다.

나는 그 정보원에게 그런 배신은 할 수 없다고 거절했다. 그랬더니 그는 그것이 무슨 배신이냐고 했다. 당시 한진영화사와 쌍벽을 이루고 있던 T영화사가 월간 《다리》의 판권을 인수하겠다 하니 그 돈으로 가족과 같이 외국으로 나가 살면 되지 않느냐, 진행하던 것을 그냥 그대로 놓아두고 멀리 떠나라고 했다. 하지만 나는 자신을 믿고 중대한 일을 맡겼는데 그 일을 하지 않는 것은 '기피'라기보다 '배신'이라고 말했다.

그러자 "그렇다면 나로서도 할 수 없다"면서 "참으로 딱한 젊은이군" 하며 혀를 차고 돌아갔다.

결국 김대중 대통령후보에 대한 공보활동을 무력화하기 위한 압력을 가하고자, 관련 주변인을 반공법으로 몰고 간 언론탄압이자 필화사건을 일으켰던 것이다.

2. 월간《다리》지 필화사건과 사법권 독립

월간《다리》지 필화사건의 첫 공판은 1971년 4월 9일이었으나, 서울지검 공안부의 담당검사가 증거보강을 이유로 입회하지 못하자 4월 30일로 연기되었다. 그 사이에 4·27 대통령 선거가 치러졌다.
윤형두(2001, 275~276쪽)는 재판과정을 다음과 같이 상세히 정리했다.

첫 공판에서 이명환 변호사는 재판장에게 피고인들이 지난 2월 12일 구속된 이후 지금까지 접견을 금지시키고 책 등 사물을 넣어줄 수 없게 한 부당한 조치를 해제해달라고 요구했으며, 또 검찰이 두 차례나 공판을 연기 신청한 것은 부당한 처사라고 주장하였다.

제2회 공판일. 김종건·이규명 검사가 당당한 모습으로 법정에 들어오고 뒤이어 법복을 입은 목요상 판사가 들어왔다. 검사의 공소장 낭독, 곧이어 심리가 시작되었다.
필자인 임중빈 씨는, 문제의 논문을 쓴 것은 외국의 불건전하고 무질서한 학생운동을 배척하여 우리나라의 정신적 근대화 운동을 촉구하기 위해서였을 뿐, 국외 공산계열을 고무, 찬양할 의도는 없었다고 진술했다.

또, 이명환 변호사는, 그가 탐독했다고 적힌《스탈린 전집》,《레닌 전집》, 마르크스-레닌 주의 서적 등은 책조차 본 적이 없다면서 미국의 '뉴 레프트'에 관한 부분은 흥사단에서 발행하는《기러기》지에 실린 송건호 씨의 글을 인용한 것이라고 변론했다.

이어, 피고인이 읽지도 않은 공산주의 서적을 읽은 것처럼 공소장에 기재했으니, 그것은 검사들이 피고인보다 공산주의를 더 연구한 것이 아니냐는 변호인의 주장에 검사들이 흥분하여 감정적인 말이 오가는가 하면 방청석에서 웃음소리가 터져나오자 방청객들을 향해 고함을 치는 등 어수선한 분위기 속에서 제2회 공판은 끝났다.

제3회 공판은 1주일 후인 5월 7일 속개되었다. 그러나 그 동안 변호를 맡았던 이명환 변호사가 사퇴하고 이택돈 등 다른 변호사들도 재판에 관여하지 않음에 따라 임중빈 씨의 사실심리가 연기되는 일이 발생하였다. 다음은 제4회 공판 및 7월 16일 무죄 판결에 이르기까지 그리고 대법원의 판결상황을 윤형두(2001, 276~281쪽)의 글을 발췌함으로써 파악해본다.

1971년 5월 14일 제4회 공판때는 대법정에서 좀 작은 법정으로 자리를 옮겼는데, 입추의 여지도 없이 방청객들이 가득 찼다.

제3회 공판때 윤재식 씨 변호인인 이상혁 변호사 이외의 변호인들이 모두 사임하거나 불참해버려 이번에도 변호사 없이 재판을 받겠지 하는 불안감이 있었는데, 뜻밖에도 한승헌 변호사가 나와주셨다. 바로 이 분이 '분지 필화사건' '사상계의 오적 필화사건'의 변호인으로 명성이 높은 한승헌 변호사임을 직감적으로 알아볼 수 있었다.

이날 나와 윤재식 씨는 전혀 꿈에도 생각지 못한 목요상 판사의 직권보석 결정으로 보석료 10만 원씩을 내고 풀려나게 되었다.

5월 20일 제5회 공판에서는 박창근·최의선·윤길한의 증인신문이 있었고 제6회 공판때는 남재희·구상·김상현·송건호 씨 등의 증인신문으로 재판이 계속되었다. 한승헌 변호사의 논리정연한 변호와 증인들의 해박한 지식으로 인해 시간이 갈수록 검찰은 궁지에 몰리는 현상이 일어났다.

6월 15일 김종건·이규명 검사는 '피고인들이 북괴와 국외 공산계열을 찬양하는 논문을 쓰거나 잡지에 실어 국내 학생운동을 나쁜 방향으로 유도했기 때문에 무거운 처벌을 해야 한다'는 논고로 임중빈에게는 징역 5년 자격정지 5년, 윤재식과 윤형두에게는 징역 2년 자격정지 2년을 구형했다.

7월 16일 공판 결과, 우리들 세 사람에게 무죄가 선고되었다.

목요상 판사는 판결문에서 문제의 논문 '사회참여를 통한 학생운동'에 대해 필자가 서구나 미국의 학생운동을 예로 든 것은 그들의 이념을 무비판적으로 찬양·동조하려는 것이 아니라 일정한 여과를 통해 건전한 문화창조에 도움이 되도록 하려는 내용이었으므로 현 정부를 비방·선동한 내용은 아니었다고 판시하고, 현 정부에 대해 비판적이고 도전적인 점은 있으나 이는 헌법이 보장한 언론자유의 테두리 안에서 낡은 요소를 청산하고 민주사회·복지사회의 이념을 확립하려는 방향으로 학생운동의 진로를 개척해나가자고 주장한 것이므로 반공법 4조 1항에 저촉되지 않는다고 결론을 맺었다.

검찰은 이날의 무죄판결에 대해 즉시 항소를 했다.

그후 고법을 거쳐 1974년 5월에 대법원에서 무죄가 확정되었다. 3심을 거치는 동안 한승헌 변호사의 노고는 이루 헤아릴 수 없었다.

당시 임중빈과 윤형두의 변론을 맡은 한승헌 변호사의 변론서는 오늘날 명 변론서로도 회자되고 있다. 다음은 한승헌 변호사의 변론서(한승헌, 2006) 가운데 일부, 즉 서론과 결론 부분을 발췌해본다.

1. 서론

우리 헌법은 분명히 언론의 자유를 보장하고 있다. 의사발표의 자유야말로 기본권 중의 기본권이며, 자유민주 체제의 이념적 근간을 형성하는 요소가 되고 있다. 국민의 자유는 오직 공중도덕이나 사회윤리를 침해하여서는 아니되고(헌법 제18조 5항 후단) 질서유지 또는 공공복리를 위하여 필요한 경우에 한하여 법률로써 제한할 수 있을 뿐이다(헌법 제32조 전단).

이와 같은 자유권에 있어서의 법률의 유보는 그 역사적 의미로 보나 본질적 이념에 비추어 국가권력에 의한 침해로부터 개인의 자유를 보장하려는 데 그 목적이 있는 것이다.

다시 말하면, 국민의 자유를 제약할 수 있는 사유와 근거를 엄격히 제한함으로써 권력의 방자한 압제를 방지하자는 데 본말의 뜻이 있다.

그러나 '질서유지와 공공복리를 위한 필요'란 매우 애매할 경우가 많을 뿐더러 논자의 입장에 따라서 다양한 이견이 대두될 수 있는 문제점을 안고 있음도 사실이다. 하나의 기준을 해석하기 위하여 또다른 기준이 필요하다 보면 '기준의 기준' '해석의 해석' '기준의 해석' '해석의 기준'이 무한히 되풀이되며 때로는 논리의 모순이나 순환론에 빠지고 말게 된다.

이런 현상은 입법상의 혼미를 자아내는 데 그치지 않고 실정법규의 해석과 적용에까지 커다란 위험을 파생한다.

정치권력의 입장에만 치우친 안목에서 현실에 대한 고발이나 비판 또는 개혁에의 의지를 모두 반정부적인 내지는 이단적인 것으로 보고 이들에 대한 규제사유로써 질서유지나 공공의 복리(또는 그것을 이유로 한 법률조항)를 내세우기 쉽다.

특히, 우리 한국에 있어서는 반공관계 법률이 위정자의 자기방어적 편법으로 남용되어 국민의 비판적 언론을 봉쇄하는 데 동원되는 악례가 있다.

그러한 법의 오용은 '현실비판→반정부→반국가→용공'이라는 색맹적 독단의 소치가 아니면 전단교조주의적專斷敎條主義的 사고의 해독이라고 지탄되어 마땅한 것이다.

본건 비판의 대상이 된 임중빈 피고인의 논문 '사회참여를 통한 학생운동'이 적을 이롭게 하는 글이라고 주장하면서 반공법위반으로 구속 제소한 처사도 그러한 일례가 될 만하다.

우리나라의 특이한 긴박상황을 이유 삼아 그 만한 내용의 글마저도 용공시한다는 것은 언론자유 그 자체의 부정인 동시에 '자유와 권리의 본질적인 내용을 침해할 수 없다'(헌법 제32조 2항 후단)는 헌법상의 기본적 데드라인을 파괴하는 '위험스러운 애국'이라고 보지 않을 수 없다.

5. 결론

따라서 (1)피고인 임중빈의 소위는 국외 공산계열을 찬양, 고무, 동조한 것이 아니며, 따라서 반국가단체를 이롭게 한 것이라 볼 수 없으니 무죄라 할 것이고 (2)동 윤형두에 대하여는 앞의 임중빈의 유죄를 전제로 하여 논란할 수 있는바 동인에 대한 형사책임이 없다고 보는 이상 아울러 무죄가 되어야 한다고 생각한다.

목요상 판사의 '무죄' 판결은 당시로서는 이례적이었다. 이 판결이 가져온 파장은 당시 행정부의 압력으로부터의 '사법권 독립' 선언과 같은 매우 상징적인 판결문으로 평가할 수 있다. 다음은 서울형사지법 71고단 2423 반공법위반 사건에 대한 목요상 판사의 판결문 중 뒷부분이다.

비록 동 피고인이 과거 사회주의 교양서적을 많이 탐독하여 사회주의 이념을 포지한 끝에 사회주의 사회건설을 망상한 나머지 통일혁명당 사건에 빠져들어 국가보안법위반죄 등으로 처벌받았던 전과가 있고 이 사건에 관련하여 검사 앞에서 수사를 받을 때에 그 스스로 '독자에 따라서 5월혁명이나 뉴 레프트의 활동을 높이 평가할 수 있는 소지가 담긴 글을 쓴 데 대하여 책임감을 느끼고 잘못됐다고 생각한다'고 진술하였다 하여 앞서 본 바와 같은 내용의 논문이 곧 국외 공산계열이나 반국가단체의 활동을 찬양, 고무하였거나 동조한 것으로 풀이될 수는 없다 할 것이다.

결론적으로 위 논문내용을 통틀어 살펴볼 때 현 정부에 대하여 비판적이고 도전적인 대목이 없지 않는 바는 아니나 헌법상 보장된 '언론의 자유'의 테두리 안에서 전근대적인 낡은 요소를 완전청산하고 민족복지사회의 이념을 확립하는 방향으로 학생운동의 진로를 개척해나가자(동잡지 69쪽 참조)고 주장한 데 지나지 않는 것으로서 반공법 제4조 제1항에는 저촉되지 아니한다고 보아 마땅할 것이다.

그렇다면 피고인 임중빈이 쓴 문제의 논문이 유죄임을 전제로 하는 피고인 윤형두, 같은 피고인 윤재식 등 역시 그 논문을 게재하는 데 사전에 검토, 교료하였느냐의 점에 관하여 따져볼 필요도 없이 또한 죄 되지 아니한다 할 것이다. 그러므로 피고인들 전부에 대하여 형사소송법 제325조 전단의 정한 바에 따라, 같이 무죄를 선고한다.

1971. 7. 16.

판사 목요상

이와 같은 판결은 정부의 사법권 침해에 대한 판사들의 집단항거로 일컬어지던 사법파동의 맥락에서 이루어진 것이었다. 그러므로 월간 《다리》지 필화사건은 '사법권 독립'과 관련하여 역사사회적 의미가 매우 큰 사건이었다.

이른바 '제1차 사법파동'으로 일컬어지는 사법파동의 단초는 다음과 같은 배경에서였다. 대법원에서 '피해자가 군인, 군속 등 특수신분인 경우 국가배상청구권을 제한하는 규정이 위헌'이라는 결정을 내리자 정부에게는 10억~40억 원의 재정부담을 부담하게 되었다. 이어, 1971년 7월 6일 서울지검 공안부 검사 이규명이 서울형사지방법원 항소3부의 두 판사와 서기에 대해 뇌물수수 혐의로 구속영장을 신청하였는데, 이 조치에 대해 법원은 보복조치라고 반발했고, 급기야 100여 명의 판사가 '사법권 독립'을 위해 집단사표를 내는 파동이 일어났던 것이다.

이와 관련되는 내용이 1971년 9월호의 좌담내용에서 거론되고 있다.

> 임중빈: 《다리》지 사건의 연쇄반응으로 사법파동이 한창 고조돼가고 있습니다만, 사법권 수호 투쟁으로까지 번지고 있는데, 기본적인 민주체제가 실제로 어떠한 위기에 놓여 있었는가를 단적으로 제시한 것에 불과합니다. 우리가 그 동안 10여 차의 공판을 통해서 무죄를 선고받기까지

사법부가 권력의 갖은 시달림 속에서 양식의 최후보루를 지킨 점은 특기할 만한 일이라고 봅니다.

윤재식: 우리가 재판을 받을 때 체험한 목요상 판사에 대한 검찰측의 갖은 위협이랄까 책동이 눈에 선합니다.

한승헌(2006, 312쪽)은 '목요상 재판장이 갖은 회유와 협박에도 불구하고 자택에도 들어가지 않는 가운데《다리》지 필화사건의 무죄 판결문을 작성'했노라고 밝히고 있다.

한승헌의《분단시대의 피고들》(1994)에 실린 임중빈의 글에는 판사직을 날린 목요상 판사의 '살신성인'의 정신을 높이 기렸다.

공동 변호인대표 산민 한승헌 변호사로서는 남정현의 '분지' 필화사건과 김지하의 '오적' 필화사건에 대한 열띤 변론에 이어 이《다리》지 필화사건 변론으로 첫 무죄 선고를 이끌어냄으로써, 값진 언론투쟁의 월계관을《다리》진용에게 안겨준 불멸의 공로가 지대하다. 당시 서울형사지법 목요상 판사의 현명한 무죄 언도가 또한 살신성인의 한 전범이었다.

1971년 9월호의 좌담내용에서는 사법권 수호와《다리》지 필화사건과의 연계를 이렇게 보고 있다.

윤재식:《다리》지 사건이란 필화사건 아닌 정치사건이었던 것 아닙니까. 검찰에서 조작해놓은 공소장이라는 걸 보면 희대의 걸작이거든요.《다리》지가 정치사건이었던 만큼 검찰로서는 자꾸 확대하려는 저의를 보인 것이고, 우리가 수사받을 때나 재판받을 때마다 느낀 인상은 일선검

사들이 이 사건을 다룬다기보다 모 기관의 배후조종을 받아서 움직이는 일면이 드러나곤 했습니다. 재판을 진행할수록 무죄가 확실시되자 서울지검 공안부에선 단독심에서 합의부로 옮겨 재판해줄 것을 촉구하는 추태까지 보였습니다. 판사를 못 믿겠다는 검찰측의 오만불손한 태도였습니다. 그러므로 사법파동은 거기에서 비롯되었던 것입니다. 사법부를 못 믿겠다는 불신풍조요, 판사에 대한 협박이었습니다. 상식적으로 있을 수 없는 처사였습니다. 그러나 공정한 심리를 해온 재판부에서는 전무후무한 관권의 압력을 일축했고 소신대로 우리에게 무죄를 선고하지 않았습니까. 법조계의 양심이 승리한 극적인 순간이었습니다

임중빈: 아울러 사법파동의 발단이 되기도 한 극적인 순간이었습니다.(웃음)

윤재식: 이런 결과로 인해서 국회는 물론 온 국민이 사법파동의 처리 결과를 예의주시하고 있는데, 문제 자체가 매우 심각한 것이라고 나는 보고 있어요. 법관들이 급기야 사법권 수호투쟁을 선언하고 나온 작금의 사태는 사법파동이 단순한 싸움이 아니라는 사실을 말해주는 것입니다. 법관 대 검찰관의 싸움이 아니라, 민권 대 관권의 싸움이요, 정의와 불의의 당연한 마찰이라고 나는 판단하기 때문입니다. 그러므로 우리는 사법파동의 장본인들은 말할 것도 없고 우리《다리》지 사건을 담당한 검사나 그 상한선인 신직수 법무장관의 문책과 아울러 국민의 여망을 배신한 관계인사들의 사퇴는 필연적인 것으로 보고 있어요.

3. 월간 《다리》지 필화사건과 언론·출판의 자유

《다리》지 필화사건은 언론·출판 탄압에 대한 최초의 무죄사건으로 기록된다. 당시의 군부 독재정권 하에서 일어난 판결이니만큼 일견 '언론·출판의 자유'의 승리에 해당하는 역사적 사건이었다.

《다리》지 필화사건을 겪은 당사자들이 둘러앉아 나눈 1971년 9월호의 좌담내용에서는 언론·출판의 자유를 수호하기 위한 결의를 다지던 계기였던 것으로 의견을 모으고 있다. 필화사건은 오히려《다리》지에 대한 세간의 관심과 인기를 높인 결과가 되어 전국 서점에서 완전매진되는 진기록을 세우기도 했다.

김상현: 우리 잡지는 다른 월간지에서 다루지 못하는 걸 과감하게 비판해 나가야겠고, 특히 국민에게는 우리 한국이 지금 국제적으로 어떤 상황에 처해 있느냐 하는 문제를 널리 알려주는 기능에 충실해야 하겠다는 것입니다.

임중빈: 한국 지식인이 그렇게 나약하거나 무력한 것만도 아니었고 보면, 우리는 전통적인 지성의 강점을 현대화하는 과정, 즉 저항적 민족주의의 찬연한 전통이 우리에겐 분명 있었습니다. 그 과정에서 보다 더 슬기로운 자세로 임해야 한다고 봅니다. 소리 없는 다수인 민중의 위대함을 기탄없이 대변하는 데 잡지의 기능이 있는 이상,《다리》지는 이 나라의 민주언론의 전열에서 계속 분투해야 하겠습니다.

윤형두: 앞으로는 한 호도 결간하는 일 없이 발행일을 앞당겨 내도록 최선을 다하고자 합니다. 자유언론 전선에 휴식이 있을 수 없다는 전제 아래 그렇다고 보는 것이죠.

임중빈: 행동할 줄 모르는 햄릿형 지식인보다는 아는 바 그대로 사회적으로 반영하려고 고투하는 실천적 지식인을 우리는 갈망하고 있어요. 문제는 그것을 어떻게 실천해나가느냐 하는 데 있겠죠. 그러한 중지를 모으는 민주언론의 반석으로서《다리》지의 진로가 새로이 모색되어야 한다고 봅니다.

윤형두: 결심공판 때 임중빈 씨가 말한 '자유주의자는 어떠한 억압을 당할지라도 결코 자유주의자일 수밖에 없다'고 한 정신이 오늘의 우리 현실을 대변해주는 것 아니겠습니까. 우리 자손 만대의 후손을 위하여 수치스러운 유산을 남겨서야 되겠습니까. 관권의 탄압 속에서도 꿋꿋이 버텨나가야만이 자유를 성취할 수 있으리라 봅니다.

1972년 5월호에는 새로이 영입한 박종률 기획고문과 이택돈 편집고문의 짧은 소감을 권두에 담고 있다. 이들의 글에서《다리》지가 어떤 탄압을 겪었으며 언론의 자유를 어떻게 사수해야 하는지를 담고 있다.

박종률 기획고문은 '《다리》만은 빼앗기지 말도록'이란 지면에 다음과 같이 피력하고 있다.

《다리》지는 자금과 판매 등에서 갖은 고초를 다 겪어왔고 1, 2년의 짧은 연륜이지만 간행중지, 압수, 이른바 필화사건의 불운 속에서도 꿋꿋이 이겨온 장한 성장사를 지켜온 '민족 활로의 가교' (중략)

반드시 자유민주주의가 앞서지 않아도 좋고 언론의 자유가 운위되지 않아도 괜찮지만 '정당한 절차에 의한 합법적 정기간행물'인《다리》지가 가까스로 복간된 4월호도 '몰이해군'들의 전래의 수법에 의해 강제수거당하여

빛을 발하지 못하는 뼈아픈 상처를 또 한 번 겪어야 했다.

그 많은 심의기구에 걸거나 삭제, 시정의 통고도 없이 정부가 벌이는 합리화 운동에 역행하여 자금과 인력을 쏟아서 완성한《다리》지를 무가치한 휴지로 만드는 졸렬한 처사를 저지르고 말았다.

그 많은 신문, 방송이 '새마을 운동' '월남전' '문화재 보호 운동' '스마일 운동' 때문에 정말 필요한 우리들의 이야기를 써줄 겨를이 없는 요즈음 세상에《다리》지 하나만이라도 '우리'를 인식하고 내일을 이야기할 수 있게 되었으면 하는 간절한 소망이 (중략) '공동의 광장' 고민하고 사념하는 우리의 터전으로서《다리》지 하나만이라도 누구에게 빼앗기지 말자고 굳게 다짐하자.

국회의원인 이택돈 편집고문은 '출판의 자유는 꺾을 수 없다'라는 글에서 다음과 같은 내용을 담고 있다.

나는 왕왕 문인이 오해받아 무슨 법위반이다, 무슨 영슈에 어긋낫다고 하여 투고한 분을 관헌에서 불러제키기 이전에 우리《다리》지만은 사전에 그런 오해도 안 받고 또 그런 오해받을 요소가 있는 대목까지를 법률적 차원에서 사전검토하여 투고하신 분이 그런 곤욕을 당하시지 않도록 하는 데에 제1의적인 목적을 가지고 이른바 편집고문에 응하기로 하였고, 제2의적으로는 관헌의 수고도 사전에 덜어주는 의미에서 또 세간에 불필요한 자극을 피하게 하기 위한 목적에서, 일하기로 한 것이다.

그러나 이러한 목적도 관계기관이 법률적 차원에서《다리》지를 대응할 때에 달성될 수 있는 것이지, 만약에 법 이전의 수법으로, 가령 잡지를 실력으로 회수하여 간다든지, 서점주인에게 "이제부터 이 잡지는 다리사의 것이 아니고 경찰서 거니까 네가 당분간 보관하고 보관증을 경찰 앞으로 써내라" 하여 보관증을 경찰이 써받는다든지 하는 식의 방정식이 나온다면 이것만은 정말 풀기 어려운 산수인 것이다.

이 두 글을 통해 당시의 집권층이《다리》지에 가한 압력의 방법이 어떠했는지를 짐작하게 한다. 이택돈 편집고문은 미국 버지니아주 헌법의 한 구절을 소개해야만 하는 현실적 상황을 개탄했다. 버지니아주 헌법에는 이러한 구절이 있다.

출판의 자유는 위대한 자유들의 방새防塞의 하나이며 전제정부가 아니면 이를 억제할 수 없다.

4. 월간《다리》지 필화사건이 갖는 역사사회적 의미

이상의 내용에서처럼《다리》지 필화사건은 두 가지의 역사사회적 의미를 갖는다.

시민들의 알권리를 충족하기 위해 갖은 압박과 탄압 아래에서 언론 출판의 자유를 수호했던 것이고, 다른 하나는 정부의 보복성 탄압으로부터 사법권 독립의 수호를 위해 일어났던 사법파동의 발단이 되었다는 것이다.

당시 언론은 권력으로부터 자유로울 수 없었다. 따라서 방송 미디어를 신문 미디어가 감시하는 구도를 가졌으므로 대중은 방송보다는 신문을 통해 보다 상세한 정보를 수용하려는 의지가 강했다. 그러나 신문 미디어 역시 자유롭게 언론의 자유를 수호할 수 없었다. 결과적으로, 신문 미디어를 잡지 미디어가 감시하는 구도가 형성되었다. 잡지는 언론의 최일선에서 탄압을 받아가며 언론자유를 수호했던 것이다.

그러므로 독자는《창작과 비평》이나《다리》지와 같은 의견지에 대한 신뢰도가 높았고,《다리》지는 수용자의 알권리를 위해 언론의 자유 수호를 위한 최일선에서 이를 지켜냈던 것이다.

우리나라 헌정사상 사법파동은 1971년, 1988년, 1993년, 2003년 네 차례에 걸쳐 일어났다. 이 가운데《다리》지 필화사건은 최초였던 제1차 사법파동과 연계되어 있었다.

1차 사법파동의 계기는 1971년 7월 28일 서울지검 공안부가 서울형사지방법원의 이범열 부장판사, 배석 최공웅 판사, 이남영 입회 서기관 등 3명을 뇌물수수 혐의로 구속영장을 신청한 일에서였다. 반공법 위반 항소심 사건에서 변호사로부터 뇌물을 받았다는 혐의였다. 하지만 이에 대해 시국사건과 공안사건 관련 재판에서 무죄판결을 내린 판사들을 제거하려는 음모라는 의혹이 일었다.

목요상 판사가 7월 16일《다리》지 필화사건 구속자 전원을 무죄로 공판한 직후여서 이 의혹은 의혹으로 그칠 수 없는, 누가 보아도 알 만한 탄압의 성격이었다.

법원에서는 구속영장을 두 번에 걸쳐 기각하고 담당판사가 사표를 제출하는 사태로 전개되자, 현직 판사들이 사법권의 독립을 주장하는 성명을 발표했다. 서울형사지법 판사 37명을 포함해 전국 지방판사 가운데 153명이 사표를 제출했다. 정부의 사법부 탄압이라고 여론이 악화되자 박정희 대통령은 신직수 법무부장관에게 뇌물수수 사건에 대한 수사 중지를 지시하고, 민복기 대법원장이 법관 처우개선 등을 약속하며 사태를 수습하여 사법파동이 진정되었다.

이처럼 《다리》지 필화사건에 내재된 역사사회적 의미는 매우 크다.

에필로그

월간《다리》지의 의견지로서의 역사적 가치

 세간의 이슈와 여론에 집중하는 의견지에 대한 평가는 역사사회적 가치 그리고 문화담론적 가치에서 조명되어야 한다. 한 시대를 살아가는 독자의 요구를 충족시키고 사회적 행위와 역사발전을 추동하는 미디어의 기능을 수행하는 동시에 사회구조에 대한 변혁 및 대안적 권력을 형성하는 등 사회적 동력의 일역할을 수행하기 때문이다.
 한국의 근·현대사에는 이와 같은 시대적 사명과 언론·출판의 자유기능을 수행한 훌륭한 의견지가 있음으로써 한국 잡지사의 역사적 가치를 드높이고 있다. 이러한 의견지 가운데 월간《다리》지는 불행한 정치사 가운데, 커뮤니케이션 엔도가미 속에서도 언론·출판의 자유를 압박과 탄압으로부터 지켜냄으로써 독자의 알권리를 충족하고 지식인의 공론장으로서 언로의 중심에 우뚝 서 있었던 잡지였다.
 이처럼 월간《다리》지가 갖고 있는 괄목할 만한 역사사회적 가치에도 불구하고《다리》지에 함의된 의의가 그다지 잘 알려져 있지 않아온 것이 사실이다. 심지어는 학자에 따라 잡지역사의 목록에도 빠트려놓는 경우도 있다. 이에 따라 본 연구에서는 월간《다리》지의 올곧은 역사적 자리매김을 위해 의견지로서의 역사적 가치를 재조명하였다.

열린 언로와 소통을 위해 '대화의 가교'를 표방하여 창간된 월간 《다리》지는 정치사적 배경 및 미디어 환경 등 컨텍스트와 밀접하게 연계된다.

창간 당시는 제3공화국 체제였다. 박정희 정권은 국가주의 이데올로기를 표방, 개발독재에 기인한 반공·성장 이데올로기로써 급속한 산업화와 권위주의적 국가체제를 이루었다. 이와 동시에, 비판적으로 대항할 시민사회 그리고 대항담론을 함께 성장시키기도 했다. 이 시기의 지배 및 저항 이데올로기 간의 갈등이 향후 한국사회의 문화발전에 기본노선을 이룰 만큼 큰 영향을 미친 것 또한 사실이었다. 결과적으로, 당시 지식인들의 대항담론의 장으로서 의견지의 필요는 시대적 요청이었다.

월간《다리》지의 담론은 하버마스의 공론장 이론에 바탕을 두어 필자와 독자가 소통하는 의견지의 기능을 수행하며, 지배적 엔도가미로부터 커뮤니케이션 엑소가미를 지향하고자 하는 의지를 담고 있었다. 절대권력에 대한 비판, 민주주의의 성숙과 민주 시민정신의 고양을 선도하며 개발독재의 폐해인 노동문제를 밝히고 그 대안을 모색하는 담론을 중심으로 막힌 언로를 뚫고 독자의 알권리를 수호하는 민주언론으로서 기능을 다하는 데 초점을 맞추었다.

그러나 1970년 11월호 임중빈의 '사회참여를 통한 학생운동'이 필화사건을 야기하였다. 내막으로 보아 김대중 대통령후보 홍보팀의 힘을 빼놓기 위한 것이었는데, 결과적으로 무죄판결을 받았다. 이 필화사건은 월간《다리》지의 성격을 쇄신, '대화의 가교'로부터 '민족 활로의 가교'를 표방하는 동시에 언론·출판의 자유에 초점을 두어 잡지의 내용을 더욱 충실하게 하는 전기를 이루게 되었다.

필화사건 전의《다리》지가 '미래의 지도자상' '지성인' '통일문제' '민족경제' '지방자치제' '청춘문화' 등의 키워드가 등장, 정치·경제·사회·국제·문화를 아우르는 종합지다운 면모를 갖고 있었다면, 필화사건 후에는 '침묵을 강요하는 시대' '소외' '매판자본' '자기혁명하는 민중' '언론탄압' 등의 키워드가 눈에 띄게 늘어나는 등 비판과 저항의 담론을 지향하였다. 또한 '국회 푸락치 사건 판결문' '전 서울대생 내란음모사건 전말' 등 미발표 자료를 공개하는 등 언론·출판의 자유를 수호하기 위한 방향에 집중하였다.

그러므로 본 연구에서는 의견지로서 월간《다리》지가 갖는 역사적 가치를, 이상의 편집방향에 따라 구분, 다음과 같이 부여하고자 한다.

(1) 월간《다리》지는 한국 정치사의 비극적 탄압을 극복한 시대적 유산이다.
(2) 월간《다리》지는 독자의 알권리를 충족하기 위해 언론·출판의 자유를 최일선에서 탄압에 굴하지 않고 수호함으로써 미디어의 기능을 올곧게 선도한 언론매체이다.
(3) 월간《다리》지는 당대를 풍미하는 지식인 및 오피니언 리더의 의견이 집결된 통로로서 또는 공론장(Öfentlichkeit; public shere)으로서 사회적 동력의 일역할을 수행한 의견지이다.
(4) 월간《다리》지는 지배적 엔도가미 속에서도 커뮤니케이션 엑소가미를 지향하는 편집방향을 기획하고 실행한 언론매체이다.

(5) 월간《다리》지는 필화사건을 통해 '사법권 독립'에 직접적 영향을 끼쳤으며, 이에 대한 상징적 의미를 갖는다.

비록 유신정권의 계엄체제 아래 정치사적 비극으로 폐간이 불가피했지만,《다리》지가 갖가지 억압으로 인한 결간과 휴간을 거듭하며 1970년 9월호~1972년 10월호에 이르기까지 총 22호를 발행하는 동안 언론·출판의 자유 수호를 위한 상징적 잡지였음은 역사적으로 재평가되어야 할 것이다.

참고 문헌

월간 《다리》지 영인본 제1권 ~ 제7권.
국정원 과거사건 진실규명을 통한 발전위원회(2007). 과거와 대화·미래의 성찰·언론·노동편(V)
김동춘(2007). 민족주의 그리고 우리들의 대한민국, 서울: 시대의 창.
김성수(2007). 1960년대 문학에 나타난 문화정책의 지배이념과 저항이념의 헤게모니, 민족문학사연구, 제34호, pp.86~87.
김용직(1994). 한국 민족주의의 기원: 정치운동과 공공영역, 사회비평 11호.
김정숙(1991). 출판인 최남선 연구, 중앙대 석사학위논문.
_____(2002). 민족수난기 미주지역 한인출판에 관한 시론적 연구, 출판연구 제14호.
김철수(1999). 헌법학개론, 박영사. pp.880~881.
김태일(2001). 한국 정치와 헌정사, 한울아카데미.
김현정(2009). CMC에서의 공중 세분화 결정요인 및 여론과정에 관한 연구, 한양대 박사학위논문.
박승관(2013). 한국사회와 커뮤니케이션 엔도가미, 한국 민주주의와 언론자유 그리고 그 위기, 서울: 인간사랑. pp.34~36.
박영대(1969). '수의 논리와 힘의 윤리', 사상계 199호, 1969. 11. p.13~14.
박현채(1981). 한국 농업의 구상, 서울: 한길사, Ⅰ~Ⅱ장.
손석춘(2010). 한국 공론장의 구조변동에 관한 연구: 미디어의 존재양식을 중심으로, 성균관대학교 신문방송학과 박사학위논문.

신상초(1969). '정국 쇄신작업의 기공을 서둘라', 사상계 199호, 1969. 11. p.36.

Altschull, J. Hebert(1990). From Milton to McLuhan, 양승목 역 (1997). 현대언론사상사,

오명석(1998). 1960~1970년대 문화정책과 민족문화 담론, 비교문화연구, 4집, PP.123~124.

윤형두(2011). 한 출판인의 자화상, 파주: 범우사, pp.320~405.

_____(1995; 2001) 아버지의 산, 어머니의 바다, 서울: 범우사, pp.257~281.

이상록(2010). 사상계

이신행(1994). 하버마스의 공공권역, 1987년의 정치변동 그리고 새로운 정당성의 형성, 사회비평 12호.

이용성(1993). 한국 잡지사의 시대구분에 관한 연구, 출판잡지연구, 제2권 제1호.

이중한(2001). 우리 출판 100년, 서울: 현암사. p.71.

이영제(1999). 한국 지배관계의 변화와 시민사회의 발전에 관한 연구, 동국대 석사학위논문.

이용성(1996). 한국 지식인 잡지의 이념에 관한 연구:《사상계》를 중심으로, 한양대 박사학위논문.

장준하(1972). 우리의 현실과 사회정의, 씨알의 소리, 제11호, 1972. 5., p.41.

정수복(1994). 의미세계와 사회운동, 서울: 민영사, p.26.

정진석(1989). 한국현대언론사론, 서울: 나남. pp.67~68.

조희연 편(2003). 한국의 정치사회적 지배담론과 민주주의 동학, 서울: 함께 읽는 책.

최형익(2008). 입헌독재론: 칼 슈미트의 주권적 독재와 한국의 유신헌법, 한국정치연구, 제17집 제1호, pp.246~269.

한승헌(2013). 권력과 필화, 파주: 문학동네, pp.482~484.

_____(2006). 한승헌 변호사 변론사건 실록, 전 7권 중 제1권, 파주: 범우사, pp.281~358.

_____(2006). 분단시대의 법정, 파주: 범우사, pp.47~50.

_____(2004). 분단 시대의 피고들, 서울: 범우사, pp.148~178.

월간《다리》영인본 제1권~제10권.

E. H. Carr(1961), What is History?, 김택현 역(2007), 역사란 무엇인가, 서울: 도서출판 까치.

A. W. Gouldner(1979). The future of intellectuals and the rise of the new class, Continuum Pub. Co.

C. Schmidt(1928). 김효전 역(1996). 독재론: 근대 주권사강의 기원에서 프롤레타리아 계급투쟁까지, 서울: 법원사.

G. Simmel(1908). Soziologie: Untersuchungen über die Formen der Vergesellschaftung, Leipzig: Duncker & Humblot.

I. Wallerstein(1996). After Liberalism, 강문구 역(1997), 자유주의 이후, 서울: 창작과비평사, p.43

J. Dewey(1958). Experience and Nature, N.Y.: Dover Publications.

J. Fiske(2001). Introduction to Communication, Routledge.

J. Milton(1951). Areopagitica, N.Y.: Appleton-Century-Crofts.

O'Gorman & Garry(1976). 다원적 무지 이론

S. N. Eisenstadt(1978). Revolution and the Transformation of Societies, Free Press.

W. P. Davison(1983). "Third-person Effect", Public Opinion Quarterly.

W. Lippman(2012). Public Opinion, 이충훈 역, 여론, 서울: 까치글방.

부록 ①

월간《다리》지의 편집방향에 따른 내용별 구분

편집방향	구분	타이틀	필자	호
절대권력 비판	권두언	반공법 보안법의 재고		1971. 8월호
	〃	탄압은 저항을 낳는다	김상현	1971. 11월호
	〃	항의하는 시민의 시대	〃	1971. 12월호
	〃	민중의 분화구는 꺼지지 않는다	〃	1972. 9월호
	권두논문	역사와 자유	손우성	1971. 4월호
	〃	그리스도교는 반혁명적인가?	박상래	1972. 7월호
	자진휴간사	침묵을 강요하는 시대에의 응답	김상현	1972. 1월호
	대담	통제받지 않는 권력은 악이다	김대중·김동길	1972. 9월호
	특집(우리는 왜 행동을 택했나)	민주의 십자가 메고	신익호	1971. 7월호
		문학은 원래 참여다	박용숙	〃
		선량한 시민의 투쟁	배 룡	〃
	〃	역사가 명령한 산 공부	안현수	〃
	특집(전환기의 학생운동)	화해시대의 새 선도자	남재희	1971. 11월호
		비판적 참여의 가능역	노명식	〃
				〃
	특집(한국 민주주의의 점검)	반독재의 행동파들	편집실	1972. 9월호
		주권은 빼앗기고 있다	이병린	〃
		부조리에의 항거	이문영	
	공개장	권력만능교육에 종지부를	김동길	1971. 12월호
	논문·시론	통치자의 제일과제 (상)	W.리긴즈/조광해(역)	1971. 2월호
	〃	통치자의 제일과제 (2)	〃	1971. 4월호
	〃	통치자의 제일과제 (완)	〃	1971. 5·6월
	〃	권력구조론	라인홀드 니버	1971. 7월호
	〃	보안·반공법 수정 당위론	이병용	1971. 10월호

편집방향	구분	타이틀	필자	호
	〃	반공법 정치질서의 한계	김도현	〃
	〃	인공 빈민지대의 항거	조용범	〃
	〃	학생 자치활동을 탄압할 수 없다	임희섭	〃
	〃	절대권력은 절대 썩는다	이병린	1971.11월호
	〃	크리스찬 앙가주망 선언	한국기독교장로회 총회	〃
	〃	기독교 사회참여론의 배경	정하은	〃
	〃	지도자와 민중의 논리	강광식	〃
	〃	학원은 권력의 시녀가 아니다	윤태림	〃
	〃	'강 이데올로기'론 서설	김계수	1971.12월호
	〃	시민항쟁의 태동	최창규	〃
	〃	정보정치는 항쟁을 낳는다	김대중	〃
	〃	빈민 극한 항쟁의 당위론	김낙중	〃
	〃	서민과 집단항쟁의 논리	장을병	〃
	〃	후진국 부정부패의 생리	이영호	1972. 1월호
	〃	부패는 근대화를 삼켜버린다	뮈르달	1972. 5월호
	〃	민족 알맹이는 권력을 배격한다	함석헌	1972. 9월호
	〃	자유민주주의를 부활시켜라	김동길	〃
절대권력 비판	〃	통치권은 만능약인가	이병용	〃
	앙케이트	반공법 및 국가보안법을 말한다	이병린.설창수.백기완.권일송.김경룡.김춘봉.윤정규	1971. 10월호
	〃	한국—이대로 좋은가?	강신명 외 19인	1972. 9월호
	옥중기 시리즈	사상범 ①~②	김광섭	1972. 4월호 ~1972. 5월호
		옥창살을 쥐어잡고	양수정	1972. 6월호
		역사의 단애에서	이상두	1972. 7월호
		나의 유수기	송지영	1972. 8월호
		신념에 살게 한 반 세기의 시련	서민호	1972. 9월호
		수난의 계절	김 철	1972. 10월호
	만화	오적도	허 연	1970. 10월호
	〃	손은 작고 그것이 클 때	〃	1971. 3월호
	〃	월남전 (해외)	남재희(선)	1970. 10월호
	〃	한심한 친구들	권성국(선)	1971. 3월호
	〃	카리카춰 1971	정운경	1971. 12월호
	K 칼럼	비상구	편집부	1971. 2월호
	특별자료	대재벌 탈세흑막 폭로		1971. 10월호
	자료	1971년 시국선언 10장		1971. 12월호
	미발표자료	국회 푸락치사건 판결문 ①~⑤		1972. 4월호 ~1972. 8월호

편집방향	구분	타이틀	필자	호
	미발표자료/독점 공개	전 서울대생 내란음모사건 전말		1972. 6월호
		〃 　　　　　　　판결문		~1972. 7월호
민주주의·민주시민 정신	권두논문	지성과 행동의 이율배반	안병욱	1970. 11월호
	〃	4·19의 참정신	김재준	1972. 5월호
	권두대담	자유민주주의의 길	이항녕·임중빈	1971. 2월호
	권두방담	71년도는 지성인이 용기를 가질 때	김상현·윤형두·탁희준·장을병·정을병	1971. 1월호
	〃	한국의 정치풍토와 선거	양호민·지명관·홍순호	1971. 4월호
	〃	지성은 살아 있나?	이호철·남정현·전덕용·이정수·조봉연·박오진	1971. 5·6월호
	특집	기본인권	이병린	1971. 2월호
	〃	4·19의 정신사적 의의	노명식	1971. 4월호
	〃	한국 민주화 과정에 있어서의 4·19	이시재	〃
	〃	그 어느 땐가 자유의 꽃은 피어나리	이화수	〃
	〃	법관과 민권의 논리	한상범	1971. 9월호
	〃	법원판결에서 본 한국의 민주주의	이문영	〃
	〃	사법권 수난 23년	박현옥	〃
	〃	민족주의의 새로운 역할	안병욱	1971. 10월호
	〃	현실적 통일방법은 무엇인가?	정용석	〃
	〃	통일외교 향한 정치통합	진덕규	〃
	〃	'가족찾기 운동'의 민족적 발상	지명관	〃
	〃	백범 김구 평양체재 15일	선우진	〃
	특집 화보	자유를 위한 민권의 햇불	(재)4·19민주상	1971. 4월호
	국회속기록초	누구를 위한 풍요냐	이종남	1972. 10월호
	논문·시론	지성인의 소시민 근성	김진만	1970. 10월호
	〃	권위와 권력과 대중과	김현식	1971. 3월호
	〃	민주주의적 인권	주명환	1971. 5·6월호
	〃	소외당한 민중의 소리	조향록	1971. 10월호
	〃	중간집단 형성의 긴급동의	한완상	1971. 11월호
	〃	자기혁명하는 민중이라야 산다	함석헌	〃
	〃	지식인의 자기학대	송철원	1972. 1월호
	〃	앰네스티 한국위 창립의 정신	윤 현	1972. 5월호
	〃	시민적 자유의 수호	〃	1972. 8월호
	〃	농민의 활동과 의병운동	김윤곤	1972. 9월호
	〃	민주시민이 기대하는 변호사상	최석채	1972. 10월호
	연재/세계 지성의 첨예	자유사회를 위한 생물학적 기초	H.마르쿠제	1971. 2월호
		바링톤 무어의 봉건주의 옹호론	편집부	1971. 3월호
		신생국 군대론	편집실	1971. 5·6월호

편집방향	구분	타이틀	필자	호
정치·사회	권두언	5·15총선의 사상사적 의미	지명관	1971. 7월호
	〃	국민총화의 광장을 위하여	이항녕	1971. 10월호
	〃	4·19 열두 돌과 복간	김상현	1972. 4월호
	〃	5·16 열한 돌을 맞아	〃	1972. 5월호
	〃	우리는 무엇을 할 것인가	〃	1972. 6월호
	〃	국민 동질화의 역행은 민족통일의 방해 세력이다		1972. 8월호
	〃	내일을 위한 희망의 정치	〃	1972. 10월호
	권두논문	민족주의의 바탕	김재준	1971. 3월호
	〃	국회의원론	윤 식	1971. 5·6월호
	〃	8대 국회의 건강진단	이병린	1972. 4월호
	〃	대중 정치 참여의 허와 실	장을병	1972. 6월호
	〃	청교도혁명의 역사적 의의	김동길	1972. 8월호
	대담	반공한국과 아시아의 내일	김대중·라이샤워	1971. 7월호
	〃	한국 안보의 자세와 방향	김상현·라이샤워	1972. 4월호
	좌담	통일에 대처할 의지와 지혜	베크먼·이홍구	1970. 10월호
	〃	민족·역사·외세—20대의 8·15관	김병기·박길자·박인주·여성역	1972. 8월호
	정담	통일방법론의 신전개	김성식·천관우·차인석	1972. 10월호
	특집	한말의 지도자상	최창규	1970.10월호
	〃	독립운동기의 지도자상	홍순옥	〃
	〃	건국초의 지도자상	이정식	〃
	〃	미래의 지도자상	윤근식	〃
	〃	학생 학원 오늘의 모습	남재희	1970. 11월호
	〃	사회참여 통한 학생운동	임중빈	〃
	〃	한국 학생운동의 반세기	정세현	〃
	〃	서구 학생운동의 흐름	이영일	〃
	〃	통일문제 논의와 제문제	양호민	1971. 1월호
	〃	사회의 부정부패 하나의 유산인가	지명관	〃
	〃	지방자치제	이종호	1971. 2월호
	〃	3·1운동과 민중운동	천관우	1971. 3월호
	〃	3·1운동과 민족주의	최창규	〃
	〃	3·1정신의 어제와 오늘	배문태	〃
	〃	국정감사와 의회의 통제기능	차인석	1971. 9월호
	〃	행정부는 구태의연히 임하려는가	송건호	〃
	〃	재래식 후진적 국감을 탄한다	박 실	〃
	〃	비폭력의 의미와 현실	김 덕	1972. 6월호
	〃	현대사회에서의 폭력	신상웅	〃
	〃	민족·외세·통일의 변증법	황성모	1972. 10월호
	〃	신생국 정당제도의 방향	김계수	〃
	르포	청주 4·19 10년	편집부	1971. 2월호
	〃	지하철	신동식	1972. 1월호

편집방향	구분	타이틀	필자	호
정치·사회	논문·시론	정치혁명의 파라독스	장을병	1970. 10월호
	〃	권모술수론	신상초	1970. 11월호
	〃	Herbert Marcuse의 사상	이규호	〃
	〃	드골과 골리즘	이상두	1971. 1월호
	〃	아카데미즘과 행동	김현식	〃
	〃	라인홀드 니버의 생애와 사상	정하은	1971. 7월호
	〃	공화당 앞으로 4년의 시험생	이정식	〃
	〃	신민당 명분+알파	장을병	〃
	〃	통일에의 새로운 접근	신도성	1971. 8월호
	〃	70년대 후반설의 근거	박동운	〃
	〃	한국 학생운동의 사명적 특성	노명식	〃
	〃	8대 국회를 통한 국정개선	최요환	1971. 9월호
	〃	지방자치제 왜 묶어두나	장을병	〃
	〃	시험대에 오른 국회	이성규	1971. 11월호
	〃	38도선 정치외교사 서설	홍종혁	〃
	〃	도시 비대증의 사회적 문제	어윤배	1971. 12월호
	〃	민족주의 새 전개	안치순	1972. 1월호
	〃	자주화 선언의 사적 평가	신익호	〃
	〃	군사방위조약의 새 시련	양흥모	〃
	〃	교육정책의 빈곤과 재수생 문제	고영복	〃
	〃	거국내각론	양동안	1972. 4월호
	〃	유엔과 북한문제	이중범	〃
	〃	헌정질서에서 본 인력관리	이문영	1972. 5월호
	〃	한·일 합방 전야	이이화	1972. 8월호
	〃	김구 서한의 소개에 부쳐	최서면	〃
	〃	한국의 두뇌유출	이종수	1972. 9월호
	〃	국제순응주의와 민족주의	이문영	〃
	〃	민족통일 의식의 구조	천관우	〃
	〃	역사는 국민의 창조물이다	유진오	〃
	연재	내가 걸어온 야당사 4반세기 ①~④	박순천	1971. 9월호 ~1971.12월호
	〃	이 조국 내 품에 두고 ⑤~⑫	〃	1972. 1월호 ~1972.10월호
	인터뷰	이희호 여사	(취재부)	1970. 11월호
	(시사)칼럼	정치—젊은 바람론	김종하	1970. 11월호
	〃	사회—물가와 생활과…	김은구	〃
	〃	정치—일정시비	박현태	1971. 1월호
	〃	사회—국제수렵대회	이효식	〃
	〃	종착역두에 선 7대 국회의원들	박권흠	1971. 1월호
	〃	김대중 대통령 후보 유세 결산	이희준	〃

편집방향	구분	타이틀	필자	호
	〃	정치—공천선풍	김용태	1971. 2월호
	〃	사회—일류대학	장병칠	〃
	〃	국제정치/ 윤리/ 학술/ 문학/ 학원	(편집부)	1972. 7월호
	자료	국방은 국민총화로	송원영	1972. 1월호
	미발표자료	백범이 김두봉에게 보낸 편지	김 구	1972. 8월호
	만화	양각도	허 연	1971. 1월호
	해외만화		남재희 (선역)	1970. 11월호 ~
경제·노동	특집	고도성장과 고압 빈곤화	임종철	창간호
	〃	노동문제를 통해 본 사회복지	탁희준	〃
	〃	계수와 생활수준의 괴리	김성두	1971. 1월호
	〃	근로조건	탁희준	1971. 2월호
	〃	한국경제는 어디까지 가나?	이동배	1971. 3월호
	〃	무엇이 한국농업 발전을 가로막고 있나?	주종환	1971. 5·6월호
	〃	농촌문제 해결을 위한 실천적 이론 저개발국가의 농촌사회	황민영	〃
	〃	대일 경제 역조	김경현	〃
	〃	세계3위의 물가고 진단	조용범	1971. 8월호
	〃	달라 시대의 낙조	장원종	1971. 10월호
	〃	일본의 대한원조 내막	유인호	〃
	〃	수출입국의 허실	〃	1972. 1월호
	〃	고도성장의 경제질서	김민채	〃
	〃	국제경제 재편성의 영향	정윤형	〃
	〃	제3차5개년계획—이대로 좋은가	심상필	
	〃	한국 농업문제의 본질	이우재	1972. 9월호
	〃	고리대 자본과 8·3조치	김성두	1972. 10월호
	〃	관제 물가통제의 허실	정윤형	〃
	르포	임금	이동배	1971. 4월호
		석유와 물가	〃	1971. 5·6월호
	(시사)칼럼	경제—재벌의 애국론	김진현	1970. 11월호
	〃	경제—선거예산안의 특징	현경득	1971. 1월호
	〃	경제—투기억제세	박재권	1971. 2월호
	논문·시론	민족경제 자립에로의 길	김경광	1971. 1월호
	〃	노조운동과 정치참여	손진규	1971. 3월호
	〃	중산층 없는 한국경제	김낙중	1971. 7월호
	〃	전태일 사건 끝나지 않았다	박태순	〃
	〃	환율 변천과 한국경제의 사시	조동필	1971. 8월호

편집방향	구분	타이틀	필자	호
	〃	돈의 행방과 인플레 불감증	장종원	〃
	〃	빈자에게 낙원은 없다	조윤형	1971. 10월호
	〃	김 경제팀에게 보내는 경고장우리는 경제고아가 될 것인가	김경광	1971. 11월호
	〃		오호근	〃
	〃	이농 강요한 농촌 근대화의 정책	박현채	〃
	〃	노임과 생존권의 함수	이규창	1971. 12월호
	〃	세제—얼마나 바쳐야 하나	장원종	〃
	〃	차관 근대화와 매판자본	조용범	〃
	〃	제3차 운크타드 총회와 남북문제	윤 현	1972. 5월호
	〃	노동과 소외론의 신전개	최혜성	1972. 10월호
	자료	재정 안정의 전망 검토	이중재	1972. 1월호
	연재/세계지성의 첨예	매니즈먼트의 철학	편집부	1971. 4월호
	만화	도 2	허 연	1970. 11월호
	〃	일품요리를 듭시다	〃	1971. 2월호
환경	만화	대기오염	(해외)	창간호
	논문·시론	한국 공해의 사회적 성격	김도현	1972. 10월호
외교·국제	권두대담	닉슨의 북경방문과 한국의 전도	신상초·양호민	1971. 8월호
	특집	한·미·일 삼각관계의 문제점	민병기	창간호
	〃	밖에서 본 한국	정연희	〃
	〃	빌리브란트의 동방정책과 그 배경	구대열	1971. 2월호
	〃	일본의 신팽창주의 움직임	송철원	1971. 8월호
	〃	일본의 재무장·군수산업	전인재	〃
	〃	두 개의 중국과 분단국의 기로	양흥모	1971. 9월호
	〃	열강각축 속의 한반도와 민족의 진로	김준희	〃
	〃	모택동 사상과 대외전략	박태근	〃
	〃	미국이 대만을 포기할 수 없는 이유	A. 도크바레트	〃
	〃	대만의 장래는 어떻게 될 것인가?	윌리엄 뷰러	〃
	〃	ECC의 확대와 유럽의 경제통합	김세원	〃
	〃	황하를 향한 미소작전	정용석	1971. 12월호
	〃	제3세력의 역학구조	우재승	〃
	〃	대UN정책의 신기원	이승헌	〃
	〃	변절자 UN의 미래	이중범	1972. 1월호
	〃	비동맹의 논리	양동안	1972. 7월호
	권두논문	70년대 한·일 경제협력의 전망	김성두	1970.10월호
	〃	미·소의 대한정책 전망	정용석	1972. 7월호
	논문·시론	미국의 중공접근이 한국에 미치는 영향	김병채	1971. 5·6월
	〃	중공의 국제적 진출과 한국의 입장	김점곤	1971. 7월호

편집방향	구분	타이틀	필자	호
	〃	미·중공 화해의 가교 '드골'	이종호	1971. 10월호
	〃	CIA 권력을 통제하라	김갑생	1971. 11월호
	〃	아메리카 코리아에서 월드 코리아로	신상초	1972. 1월호
	〃	다원화된 4극체제 하의 아시아 경제	조용범	1972. 4월호
	연재	소련은 1984년까지 살아남을 것인가 ①~③	A. 아말리크	1972. 4월호 ~1972. 6월호
	연재/ 중국 연구	중공연구① 그 초보적 시도	이영희	1971. 9월호
		권력의 역사와 민중의 역사	〃	1972. 5월호
	〃	② 모택동 사상의 기조	新島淳良	1972. 6월호
	〃	북경의 안개	로스테릴	1972. 7월호
	〃	중국의 과학과 인간	조슈어 S. 혼	1972. 8월호
	〃	문화혁명의 철학 논쟁	편집부	1972. 9월호
	연재/20C 의 문제아	① 보구엔지압	양찬규	1972. 7월호
		② 안젤라 데이비스	한남규	1972. 8월호
		③ 조지 맥거번	이성규	1972. 9월호
		④ 노로돔 시아누크	장두성	1972. 10월호
	만화	한일관계 백서 (전문)	(해외)	1971. 2월호
	자료			1971. 8월호
미래 진단	특집	서기 2000년에서 본 70년대의 한국	이항녕	창간호
	논문	나의 반전선언	이병주	창간호
	〃	젊은이의 영토	김병익	〃
	칼럼	한국 인텔리의 반지성주의	장을병	1971. 2월호
	〃	〃　탈출의 출구는 열려 있다	박연구	1970. 11월호
	〃	〃　용기 있는 생활	홍 마지아	1971. 1월호
	독자와의 지상 대화	민족을 위한 시련의 시대	이희승	1972. 10월호
	이색애정기	은어의 모정	정문기	창간호
	〃	어름치 부처에게 묻다	최기철	1971. 1월호
	캠페인	이달의 캠페인	김경래	창간호
	〃	한국을 팔자	〃	1970. 10월호
소통	〃	불신풍조를 조성한 주모자는?	〃	1970. 11월호
	〃	친구 부재시대	〃	1971. 1월호
		생각하는 사람	배태인	1971. 5·6월
		서울에서 지방에 보내는 편지	염기용	창간호
		〃	권영자	1970.10월호
		〃	황점석	1970.11월호
		〃	이승우	1971. 1월호
		〃	이동배	1971. 2월호

편집방향	구분	타이틀	필자	호
		지방에서 서울로 보내는 편지	손석기	창간호
		〃	오 영	1970.10월호
		〃	전인수	1970.11월호
		〃	김정남	1971. 1월호
		〃	심상곤	1971. 2월호
		편집자에게 / 독자에게서 온 편지		매호
		남성독신예찬론	박무일	1970.10월호
		남성독신불가론	김은우	〃
		여성독신예찬론	신예선	1970.11월호
		여성독신불가론	박기원	〃
	독자투고	민요 아리랑 애사	박영옥	1971. 2월호
	화보	화보	박설수	1970.10월호~
	화보·취재	보람에 산다(시인 김소영 씨)	박설수·취재부	창간호
		〃 (건축가 조자용 씨)	〃	1970.10월호
		〃 (육영사업가 이철호 씨)	〃	1970.11월호
		〃 (영업사진가 원봉식 씨)	〃	1971. 1월호
		〃 (육영사업가 정영선 씨)	〃	1971. 2월호
민주 언론	권두언	광야에 외친 정론 1년		1971. 9월호
	〃	'다리'지 하나만은 빼앗기지 말도록	박종률	1972. 5월호
	〃	출판의 자유는 누구도 꺾을 수 없다	이택돈	
	좌담	민주언론의 전열에 휴식 없다	김상현·임중빈·윤형두·윤재식·박창근	1971. 9월호
	특집	언론자유의 과제 보도조작의 분석	송건호	1971. 1월호
	논문	소작지대로서의 한국언론	이수언	1971. 3월호
	〃	신문의 정치적 기능	송건호	1971. 4월호
	〃	한국 언론파동의 교훈	지명관	1971. 8월호
	〃	한국 신문 탄압사	정진석	1972. 5월호
	〃	자유언론의 시련	한승헌	1972.10월호
	〃	월남의 언론 탄압상	홍사덕	〃
	자료	언론의 진실과 국가의 길	편집부	1971. 7월호
	〃	다리지 언론 수난사		1971. 9월호
	특별자료	공소장, 변론서, 판결문 전재 언론탄압의 진상은 이렇다!		1971.11월호
	권두언	자기 묘혈을 파는 문화인들	김상현	1972. 7월호
	권두논문	문화적 사대주의와 문화적 쇄국주의	선우휘	1971. 1월호
	대담	문화, 그 전통과 아집	아그노엘·조자용	1970.11월호
	특집	한국표절문학 반세기(상)	신동한	1971. 2월호
	〃	작가와 거절의 정신	김희보	
	〃	독배의 의미/ 소크라테스	황문수	1972. 4월호

편집방향	구분	타이틀	필자	호
	〃	길로틴의 휴머니스트/ 모어	주요섭	〃
	〃	여명 세기의 태양/ 볼테르	손우성	〃
	〃	행동의 시인/ 이육사	구중서	〃
	〃	비애와 고뇌의 체험/ 베이유	민희식	〃
	〃	인간소외의 위기	안병욱	1972. 5월호
	〃	실존과 소외	김종호	〃
	〃	소외를 조장하는 문학	김우종	〃
	〃	인간 역사와 폭력	지명관	1972. 6월호
	〃	폭력과 예술	김윤수	〃
	〃	서구적 근대와 민족문학	염무웅	1972. 7월호
	〃	민족의식과 자유의식	황성모	1972. 8월호
	〃	식민지 사관의 변모	김용덕	〃
	〃	종교의 식민지적 상황	현영학	〃
	〃	사대의식과 역사의식	황문수	〃
	〃	민족문화의 전통과 오늘	구중서	1972. 9월호
문화	논문·시론	지훈의 시와 인간	박두진	창간호
	〃	세르방 슈라이버의 경륜	김학구	〃
	〃	기능주의를 통한 휴머니즘	김병익	1971. 1월호
	〃	어용문학론	구중서	〃
	〃	아침과 황혼의 차이	김소영	1971. 4월호
	〃	지식인과 야성	선우휘	1971. 5·6월
	〃	8·15의 문학적 수용	임헌영	1971. 8월호
	〃	가중되는 일본문화의 공해	김병익	1971.10월호
	〃	신 저항시 운동의 가능역	신동엽	〃
	〃	맹장문학 소고	최일수	1971.11월호
	〃	민족적 실증주의 사관의 정립	전해종	1971.12월호
	〃	전환기의 문학	홍기삼	〃
	〃	고전문학에 나타난 '왜'의 양상	장덕순	1972. 1월호
	〃	차관문화와 전통문화	김동욱	〃
	〃	식민지 시대의 미학 비판	박용숙	1972. 5월호
	〃	비논리의 논리	김상선	1972. 6월호
	〃	사설시조에 나타난 에로티시즘	박노준	〃
	〃	필화사건과 창작의 자유	한승헌	1972. 8월호
	연재	고자문화론	박승훈	창간호 ~1971. 1.
	〃	나의 감격시대/ 해외유학 15년	백낙준	1971. 2월호
	〃	서재 속의 독립운동	이병도	1971. 4월호
	〃	나의 처녀작시절/화랑의 후예와 황진사	김동리	1971. 2월호
	〃	박영준 씨 편	편집부	1971. 3월호
	〃	중공연구 시리즈② / 노신에서 중공집권까지	차주환	1971.10월호

편집방향	구분	타이틀	필자	호
	〃	변혁기의 사상가①/반극적 행위의 공헌	곽복록	1972. 1월호
	이어령칼럼	우리들의 청춘문화	이어령	창간호~1971. 2.
	칼럼	책읽기를 권한 반생	김소영	창간호
	〃	소피스트를 생각한다	황문수	1970.11월호
	〃	문학으로 살다 간 三島由紀夫	김소운	1971. 1월호
	〃	상	박치원	〃
	〃	문화—점잖은 색깔의 책	이원두	〃
	〃	문화—국립교향악단	권영자	1971. 2월호
	인물평전	최시형의 생애와 사상	최동희	창간호
	〃	복자 김 앙드레아 대건	유홍렬	1970.10월호
	〃	만해 한용운	정광호	1970.11월호
	〃	월남 이상재	전택부	1971. 1월호
	〃	단재 신채호	민병산	1971. 2월호
	〃	고균 김옥균	김정남	1971. 3월호
	〃	도원 김홍집	〃	1971. 4월호
문화	〃	인술제민의 의인 지석영	이대영	1971. 5·6월
	〃	고당 조만식 선생	오영진	1971. 9월호
	서평	《성북동 비둘기》와 《동천》	김현승	창간호
	〃	한국문학전집	임헌영	1970.10월호
	〃	국회의원들 저서 붐	강인섭	1971. 1월호
	문제 희곡	구리 이순신	김지하	1971.11월호
	〃	미시시피 씨의 결혼 ①~④	뒤렌마트	1972. 6월호~1972.9월호
	〃	나포레온 꼬냑	김지하	1972. 9월호
	권두시	언제 만나고 살 것인가	박봉우	1971.10월호
	시	서울	김광섭	창간호
	〃	신문기자	강인섭	〃
	〃	사랑의 동전 한푼	김현승	1970.10월호
	〃	별가	정공채	〃
	〃	여수	홍윤숙	1970.11월호
	〃	틀	윤금초	〃
	〃	우리 딸 꿈은	이동주	1971. 1월호
	〃	너와 나와의 통일	박봉우	〃
	〃	산을 노래함(Ⅱ)	김춘석	〃
	〃	나의 조국	김소영	1971. 2월호
	〃	비서직	배태연	〃
	〃	아주까리 신풍	김지하	〃
	〃	물로 칼을 베는 방법	조태일	1971. 3월호

편집방향	구분	타이틀	필자	호
문화	〃	다시 듣고 싶다	이만근	1971. 4월호
	〃	고산자	서 벌	〃
	〃	이팝나무의 품계	정지하	〃
	〃	표	김광섭	1971. 5·6월
	〃	예감하는 여행자	홍윤숙	1971. 7월호
	〃	앵적가 (장시)	김지하	〃
	〃	8월의 양분	박두진	1971. 8월호
	〃	으악새	김소영	〃
	〃	새 주소	황명걸	〃
	〃	지주각하(상)	이상화	1971. 9월호
	〃	망명욕 (장시)	주성윤	〃
	〃	단풍아 산천 (고인 미발표 유고)	신동엽	1971.10월호
	〃	권투선수 (〃)	〃	〃
	〃	변두리	김광섭	1971.11월호
	〃	손은 잡았지만	문덕수	1971.12월호
	〃	판문점의 꽃들	권일송	1972. 1월호
	〃	수도점경	박지수	1972. 4월호
	〃	우리들은 알았다	이봉래	1972. 5월호
	〃	아니 땐 굴뚝의 이런 연기	성권영	〃
	〃	크레파스화 / 선인장	유강환	〃
	〃	자수	민윤기	〃
	〃	자유의 바람	김광섭	1972. 7월호
	〃	수락산의 하변	천상병	〃
	〃	8월	김광협	1972. 8월호
	〃	시상	정현종	〃
	〃	문밖에서	정중수	〃
	〃	산읍기행	신경림	1972. 9월호
	〃	너, 누구냐	김소영	〃
	〃	노래 전봉준	권일송	〃
	여류 시 15인 집	불면	김선영	1971.10월호
		별리	김양식	〃
		맨드라미	김여정	〃
		어떤 흐린 날	김지향	〃
		1972년	김초혜	〃
		우리들의 귀로	김혜숙	〃
		과실	김후란	〃
		유령	문정희	〃
		전개	박정희	〃
		검푸른 물 속을 헤엄치다가	신동춘	〃
		섣달	유안진	〃
		연꽃으로 피었다가	임성숙	〃

편집방향	구분	타이틀	필자	호
문화		등대	조순애	〃
		산은	추영수	〃
		수련을 보며	허영자	
	소설	방귀소리	남정현	창간호
	〃	조그만한 시민	정을병	1970.10월호
	〃	어두운 바다	송상옥	1970.11월호
	〃	희극교서	신상웅	1971. 1월호
	〃	팁 이야기	하근찬	1971. 2월호
	〃	섬 사람들	신석상	1971. 3월호
	〃	이 거룩한 이향을	백시종	1971. 8월호
	〃	여행에서 한국을	장을병	1971. 9월호
	〃	코리아 산책 ①~③	남정현	1971.10월호 ~1971.12월
	〃	이 민중의 죽음	박용숙	1971.10월호
	〃	앉은뱅이	한문영	1971.12월호
	〃	망령 첨지	유승휴	1972. 1월호
	〃	다듬이질하는 여인(개천상 수상작품)	이회성	1972. 4월호
	〃	관절염	윤정규	〃
	〃	금모래빛	이문영	1972. 6월호
	〃	물 긷는 어린애	이회성	1972. 7월호
	〃	미필적 고의	신석상	〃
	수필	축구의 대화	장선영	1971. 7월호
	〃	공가의 변명	공덕룡	〃
	〃	생일 선물	이경희	〃
	〃	무제무죄	장현태	1971. 8월호
	〃	시대와 은어	윤재천	〃
	〃	식자우환	박연구	〃
	〃	단상 2제	김상선	1971. 9월호
	〃	골프 망국론	손충무	〃
	〃	아파트의 신화	진인숙	1971.10월호
	〃	침식근성	장백일	〃
	〃	주일대사	심재언	〃
	〃	한글전용계획의 현황	남광우	1971.11월호
	〃	양식의 의미	정봉구	〃
	〃	권위주의	박용주	〃
	〃	병재락	박문하	1971.12월호
	〃	주체 초년생	박찬계	〃
	〃	윗물이 맑아야	박평주	〃
	〃	개똥인심	원응서	1972. 1월호
	〃	서울의 갓쟁이	김보수	〃

편집방향	구분	타이틀	필자	호
	〃	감각의 민주화	윤홍로	〃
	〃	사과만 먹는 여인	서정범	1972. 5월호
	〃	스페어 시대	박연구	〃
	〃	어리둥절한 그날	박봉우	1972. 8월호
	〃	집안 망했네	차동식	〃
	〃	교정적 인생론	한태석	〃
	〃	도상에서의 고민	장영창	〃
	수필(연재)	'목근통신'에서 20년 ①~②	김소운	1971. 8월호 ~1971. 9월
	〃	조국의 젊은이에게 ③~⑤	〃	1971.10월호 ~1971.12월
	〃	원에게 주는 글 ①~②	김동길	1972. 1월호 ~1972. 4월

부록 ②

사회참여를 통한 학생운동

월간 《다리》지 필화사건을 유발한 1970년 11월호(제3호 '특집'란 61~69쪽)에 실린 글

임 중 빈

좌절의 선풍

한국의 역사 형성에는 무시 못할 위대한 기적 같은 사실이 있다. 야사로 시작되어서 정사로 정립되는 무서운 현상이 분명 있다. 그것은 무엇보다도 학생운동을 두고 말함이다. 흔히 학생운동은 위정자들에겐 귀찮은 일로밖에 취급받지 못한다. 학문이나 탐구하지 않고 학원을 박차고 나오는 젊은 대열을 짓밟기란 그다지 어려운 일도 아니다. 그런데 아니러니컬하게도 학생층이 들고 나오는 역사적 변혁의 요구로 말미암아 집권층을 무색하게 하는 극적 전기가 마련된 반 세기의 확고한 전통이 서 있고 보면, 우리의 학생운동은 사회참여의 주체적 기념비임이 스스로 명백하다. 많은 외국의 경우와는 달리 한국의 학생운동은 야사가 아닌 정사의 자리를 지킨다.

한국의 학생운동 반 세기는 민족주의와 민주주의의 금자탑이었다. 그 전개과정에 있어서 쌍벽을 이룬다.

해방을 전후로 반일·반독재의 민족·민주투쟁을 일관되이 전개해오는 동안 젊은이의 행동은 민족운명의 타개에 활력소가 되어준 것이다.

  그러나 우리의 현황은 어떠한가. 학생운동 부재의 암울한 동면기를 맞이하여 민권회복이라는 자유화의 쟁취 못지않게 실질적인 근대화작업이 아울러 촉진되어야 할 중대한 시기에 일반 지식층의 퇴조현상에 발맞춰 학생층도 온갖 무기력의 갈등을 보인다. 물론 권부에서 진취적인 학원세력을 용납하지 않고 있다는 충정은 이해할 수 있다. 하지만 이러한 밖의 요인보다도 더 무서운 벽이 있다. 부지불식간에 좌절감을 키우고 있는 거기에 드높은 벽이 가로막는다. '침묵이 미덕이며 안정만이 특효약'이라는 따위의 기만적인 발상은 그래서 나은 편인지 모른다. 역사의 적은 분명 내부에 도사리고 있다. '4·19는 실패로 돌아갔다' '그때 학생들은 헛된 피를 흘리지 않았는가' '앞으로는 한국에서 학생운동이 무의미하다'는 투의 비참한 좌절감에 기인하는 기막힌 반역사주의의 대두는 한국의 문화풍토가 저지르고 있는 최대의 과오라고 본다. 희망의 좌절, 욕망의 좌절, 이성과 의지 그리고 지성의 좌절 속에서 좌절은 기교를 낳고 기교 때문에 다시 좌절하고는 하는 이 나라 사이비 지식인의 작태나 언론인의 곡필, 한갓 오락산업에 동원되고 있는 문화예술인의 추태 같은 것은 차라리 일시적인 현상에 그칠지도 모른다.

  오늘도 끊임없이 변혁해나가야 할 주체가 고작 '히피현상'에 물들어 드센 좌절의 선풍을 몰고 다닌다 함은 결코 묵과 못할 문제의 단면이다.

덫에 걸린 세대

젊은이들이라면 기성 권위와 가치에 대하여 마땅히 도전해야 한다. 맹종이란 자기소외의 지름길이다. 그러기에 젊은이들의 반항은 전세계적인 현상으로 나타난다.

이러한 흐름 속에서 외국 선진지역의 학생운동은 대체로 '아나키즘' 곧 철두철미한 자유의 추구에 몰두하는 느낌이 든다. 어떠한 기성 도덕이나 권위의 간섭도 인정하지 않는 완전무결한 자유에의 갈망이 곧잘 아나키즘이라는 대화로 선택되는 모양이다. 이미 마련된 덫이 싫은 것이다.

1968년 파리에서의 '5월혁명'만 해도 그러하다. 그때의 학생들은 무정부주의자와 행동주의자를 숭배한다고 하였는바, 이것은 철저한 저항정신 바로 그 행동아다운 품격을 신봉하는 현상으로 해석된다. '5월혁명'의 주동자 다니엘 콩방디도 사르트르와의 대담에서 밝힌 바 있지만, 혁명적 행동의 다이너미즘이 고조된 나머지 체제 전체에 대한 이의를 제기하고 나온 데 의의가 있는 학생운동이었을 뿐이다.

당장에 드골 체제가 타도된 것은 아니었다. 그것이 계기가 되어 드골 정권의 10년 권위가 흔들린 것이다. 사회구조의 근저적인 변화가 온 것은 없고 정권교체에 효모의 구실을 한 점이다. 하지만 무모한 투쟁의 일면도 없지 않았다. 무정부주의의 탈을 쓴 폭력의 계절풍 속에서 그들은 붉은 혁명을 요구하였다.

자본주의 사회의 해체에 따른 제3세계의 혁명이란 프랑스에서 실현될 역사적인 필연성이 희박했던만큼 변혁의 가능성을 지나치게 확대한 격정의 소치라는 혹평을 면치 못하였다.

다만 한때나마 학생과 노동자의 실질적인 연대감이 작용하여 공동투쟁을 벌이게 된 것은 학생운동의 진폭을 넓힌 것이었고 끝내 드골 정권을 위기로 이끌었다.

그런데 당시 파리 학생 데모의 직접 도화선은 기숙사 운영에 관한 불만의 폭발에 있었다. 남학생들에겐 여학생의 기숙사 방문이 허용되었으나 여학생들의 남학생 기숙사 방문은 금지되어 있었다. 여학생들은 남학생을 초청할 수 있으나 남학생들은 여학생을 초청해서는 안 된다는 학교당국의 처사에 반기를 든 것이 그 시초였다. 남녀학생들이 대학의 자유를 부르짖고 기성권위에 도전하고 학문의 자유를 요구하고 나옴으로써 끝없는 반항이 막을 올리게 되었다. 파리의 '5월혁명'이 처음부터 드골 정권의 타도를 목표한 일은 없었다. 날이 갈수록 정부의 탄압을 받게 됨에 따라 학생운동이 이에 정비례하여 가열해진 것이며 결국 정치체제의 위기를 몰아오게 하였다.

이에 반하여 1929년 11월 3일에 점화된 우리의 광주학생운동은 처음부터 민족의 문제가 투쟁의 핵심이었다. 그 며칠 전인 10월 30일 저녁때 전남 나주역에서 광주여고보 3년생 박기옥, 이광춘, 장매성 양이 당시 광중에 재학중인 일인 학생들로부터 희롱당함을 목격한 광주고보 2년생 박준채 등이 일인 학생들과 활극을 벌인 것부터가 민족적인 감정의 발로였다. '학생 대중아, 궐기하자!' '청년 대중아, 죽음을 초월하여 투쟁하자!'는 슬로건에서 쉽사리 '조선 민중아, 일어서자!'로 대의명분이 확실한 반일투쟁을 선언하고, 학생시위가 전국적으로 파급된 것은 당시 민족 전체가 일제 식민지 치하에서 신음하고 있었기 때문이다.

오늘날 구미 각국에서 일어나고 있는 학생운동의 경우, 투쟁 동기는 주로 학교운영에 관한 문제의 제기가 대부분이다. 간혹 인종차별 철폐나 월남 참전 거부 같은 것도 있지만 태반이 개인의 해방과 자유의 요구를 들고 나옴에 비추어 한국의 학생운동은 그 문제의 성격이 다르다. 3·1운동을 비롯하여 11·3과 4·19, 6·3사태에서 보는 바와 같이 집단적인 갈망을 학생운동은 늘 대변해왔다. 이를테면 퍽이나 차원이 높다. 민족의 해방으로부터 거국적이고도 범국민적인 문제, 민주주의의 수호를 위한 투쟁 등을 쉬지 않고 전개해왔다. 4·19는 자유민주주의를 위한 항쟁이었고, 6·3 한일국교정상화 반대운동은 민족주체성을 위한 성스러운 싸움이었으며, 지난해의 3선개헌 반대투쟁은 민권수호의 몸부림이었다.

그리고 한국의 젊은이들은 기회 있을 때마다 민족 지상의 과업인 통한統韓문제에 대해서도 관심을 보이고 있는데, 국헌이 보장한 그러한 일련의 숭공적 움직임이 국사범으로까지 몰리고 있어 그 한 가지 실례만으로도 '덫에 걸린 세대'라는 실감이 앞선다.

고도성장에의 대가代價

유럽 학생운동계의 총아 루디 듀츠게는 말한다.

"인간이 인간을 지배하는 것을 막기 위해서는 '끝없는 혁명'이 요청된다. 계급이 없는 사회가 역사의 마지막 단계라고 본 것은 칼 마르크스의 착각이다. 인류 역사에 안일과 종언이란 있을 수가 없다. 인간은 새롭게 성장하는 모든 가능성이 실현되도록 끝없이 자기 자신을 불안상태에 놓아야 한다. 끝없이 계속되는 혁명에 의해서만 인간은 참된 자유와 해방을 맞이할 수 있다."

무한혁명을 주장하는 행동철학인 셈이다. 끝없는 자유를 추구하는 이 영구혁명론에 무슨 구체적인 이론의 체계가 서 있는 것도 아니지만, 루디는 서베를린의 자유대학에서 과격한 학생단체를 이끌면서 동독을 반대하고 미국의 군사정책을 탄핵하는가 하면 오히려 기독교 세력과 접근하던 중 저격을 당한 후 애인이 있는 미국으로 탈주했다. 철저하게 반항하고 끝없이 자유를 갈구하는 점에 있어서 다니엘 콩방디와 루디 듀츠게는 큰 상이점이 없다. 그들은 유물론자라기보다 무정부주의자며 격렬한 행동파에 지나지 않는다. 도대체 인간이 다른 인간을 지배하지 않는 사회의 도래는 가능한가. 그 가능성의 실현을 위한 끝없는 몸부림은 그 행동 자체로서만 의미를 지닐 뿐이다. 실제로는 불가능한 그러한 행동이 곧 인간의 참된 자유와 해방을 약속할 리는 없기 때문이다.

미국의 '뉴 레프트'라는 것도 마찬가지다. 이렇다 할 체계도 없고 뚜렷한 방향도 서 있지 않다. 이념의 카오스 상태에서 온갖 모순을 무릅쓰고 기성의 모든 권위와 가치에 도전하고 있다.

마르크스와 바쿠닌뿐만 아니라 프로이드, 나아가 H. 마르쿠제까지 사상적 지주로 삼고 있는 그들의 움직임은 전통적인 사유를 거부하면서 현체제를 날카롭게 비판하고 맹렬히 부정함으로써 젊음의 행동력을 과시한다. 하지만 그 자체가 우리에겐 일말의 가능성을 안겨줄 수 있는지도 모른다. 왜냐하면 그들 신좌파는 정치적 도전에는 무의미하지만 문화형성에는 다소 영향력을 미치고 있기 때문이다.

뉴 레프트와는 유형을 달리하는 문화혁명파가 샌프란시스코에 형성되었다. 기성질서에 대한 문화적 반항을 통하여 그들은 정치적 반항을 시도하고 있다. 그들에게 있어서 혁명은 '새로운 생활'을 뜻한다. 그들은 지금도 문화혁명을 촉진하고 있다. 집단적 쾌락을 추구하고 때로는 반조직을 통한 자유인임을 과시하는가 하면, 반물질주의의 사도로서 폭력혁명을 긍정하는 경향으로까지 흐르고 있다. 이러한 기성체제에 전적으로 도전하는 풍속적 현상이 반드시 바람직한 일일 수는 없다. 하지만 청년문화(Youth Culture)를 통한 그들의 문화적 행동이 사회변혁이나 정치변혁에 미칠 수 없음이 스스로 명백함에도 불구하고, 청년 대중을 혁명화한다는 의도 자체만은 일고의 여지가 있어 보인다. 호프만의 지적과 같이 샌프란시스코의 문화혁명파가 정치혁명을 배제함으로써 본질적인 정치적 혁명운동으로 아메리카의 문화혁명을 밀고 나간다 할 때, 현체제의 개량을 목적화하는 신생활의 단서가 잡힐지는 하나의 숙제다.

사실 고도성장에 대한 혐오 내지는 발작에 가까운 인간괴물들의 전시장인 아메리카의 문화혁명이 단순한 광기의 발산에 지나지 못한다는 사실을 우리는 내다본다. 그들의 문화혁명이 정치변혁에 이르기 앞서 소멸되고 말 전망은 더욱 밝기만 하다. 설혹 정치적 리더십에 끈질긴 도전을 한다 할지라도 반생활적이고도 설익은 폭발적인 표현의 종착역은 어떠한 권력의 지배도 이를 인정하지 않는 루디 듀츠게 류의 '아나키즘' 이상의 것이 아닌 때문이다.

청년문화의 성城을

문화혁명은 정치혁명에 선행함은 물론 사회구조의 질적인 향상에 기여한다. 과도기에는 문화가 필요악처럼 군림할 경우도 있지만, 한갓 역기능으로만 그치지 않는 데에 또한 그 강점이 있다. 문화란 무엇인가. 인간의 존재양식이며 생활양식이다. 그리고 문화과정은 역사과정인만큼 말하자면 문화란 인간의 사고와 행동양식을 규정하는 표준을 제공한다.

　현단계에서 우리에겐 문화를 통한 경건한 변혁이 필수의 것으로 요청되고 있는 성싶다. 역사의 방향을 바로잡아 이를 선도하고 계발하는 진정한 문화의 형성이 이처럼 목마를 수 있을까. 그것은 청년문화라야 한다. 미래가 있는 거시적인 청년문화가 아니면 안 된다. 비트나 히피의 아류문화가 우리에게 무슨 도움이 되며 새로운 아나키즘의 도입이 역사적 현실의 타개에 무슨 도입이 될 것인가. 4·19는 결코 좌절된 학생운동이 아니다. 장엄한 4·19정신은 문화예술을 통하여 재생되어야 하며, 그 교훈은 우리 전근대 사회와 문화에 비약적인 발전의 계기로 삼아야 한다. 이 자리에서 나는 정치적 도전을 일체 포기하자고 권유하지 않는다. 정치적인 정면도전이 어려울 때, 문화적 뱅가드로서 젊은 우리 세대는 미더운 문화의식의 성을 쌓을 것을 감히 제안한다.

　문화성향에로의 불가피한 방향전환이 아닐 수 없다. 새로운 시대적 요청에 따라 우리는 다시 출발해야 할 필요성을 절감한다. 정치적 소외의 극복을 문화행동으로 감연히 참여함에 의존하자 함이다. 반 세기의 학생운동이 준 민족·민주투쟁의 주류를 문화운동의 거울로 삼아 분투할 때는 임박했다. 문화의 씨를 뿌리는 사람은 반드시 선택된 소수이지만 그것을 배양하며 형성하여가는 토양은 언제나 민중이다. 새로운 민중의 발견이 문화운동의 관건이 되는 이유가 여기에 있다.

　반역사적인 사고의 잔재를 깨끗이 쓸어내기 위하여 은연중 새로이 대두되는 아나키즘을 경계하지 않으면 안 된다. 무의미한 보수주의와 함께 신판 사대주의의 어떠한 망령도 이를 문화계에서 받아들이지 않도록 하는 것이 현책이다.

철학, 문학, 예술을 상실한 오늘의 한국인, 민족적 비전이 없다시피 한 채로 그날 그날 고달픈 방황을 일삼는 중산 시민층에게 우리가 무엇인가 정신의 봉사를 하기 위해서도 문화환경의 조성을 달리해야 한다.

정치는 일시적이지만 문화는 영속적이다. 영원한 투쟁은 문화영역에서 가능하다. 무엇보다도 능동적 참여를 통하여 자율성에 입각한 문화변혁을 추진해야 할 사명이 우리에겐 있다.

오늘 우리의 대중문화는 민중을 배반하고 있다. 창조 문화인 아닌 상업 문화인에 의존하는 변태적 문화로서 대량소비에 따른 아나키즘을 우상화하고 있지 않은가. 생산의 문화 아닌 소비의 문화, 오락산업으로 살쪄가는 사이비 문화로서 창조에의 정열을 날로 퇴행시키고 있을 따름이다. 대중문화는 번창해도 창조적인 민중이 버림받고 있는 이 통렬한 모순의 문화 불모지를 개간하지 않는 한 우리에게 어떠한 기적도 있을 수 없다. 이러한 시대적 도전에 직면한 문화투쟁에 좌절은 없다. 왜냐하면 '우리에겐 절망적인 상태로 해서 항상 희망이 주어지는'(W. 베냐민) 까닭이다.

잠자는 사자

문화의 생성과정에서 어떠한 병리현상도 이를 극복해야 한다. 그러면 문화는 어떻게 생성되는가. 좋은 정치가 좋은 민중과 상호 제휴할 수 있을 때 '완전한 문화'가 발생한다. 식민지 사관에 매달리지 않는 한 우리의 민중은 그 본질에 있어서 자주적이고 창의적이고 또 저항적이었음이 역사적으로 실증되고 있다. 일찍이 정체성을 스스로 타파해왔을 뿐만 아니라 외세의 시달림을 이겨내면서 사회 내부의 자주적 발전적 지향을 멈추지 않았다. 실학과 동학의 태동은 근대사회에의 주체적인 발전과 변혁을 준비한 대표적 민중의지였다. 한국 학생운동 반 세기는 그러한 변혁적 주체를 대변하면서 민족운동으로 심화되어 왔다. 특히, 학원은 역사적 현실이 위기에 몰릴 때마다 개혁의 전초前哨가 되어주었고, 민주주의의 금자탑을 쌓아온 사실을 과소평가해서는 안 된다. 한국의 학생운동은 전민족 전사회의 공통된 가장 절박한 문제를 내걸고 사회와 민족을 대변하며 전위적前衛的 투쟁에 일관해 왔다. 선진지역의 어떠한 스튜던트 파워보다도 건전하고 영향력이 큰 '오피니언 리더'가 되어온 것이다.

그럼에도 불구하고 현명하지 못한 통치자들은 '좋은 민중'을 대변하는 학원세력을 무자비하게 탄압하는가 하면, 낙후된 산업사회에서 선각자의 사명을 띤 학생 지도자들을 죄인시하기도 한다.

변혁에의 의지에 긍정적으로 밀착해가는 청년문화를 봉쇄하는 통치가 과연 '좋은 정치'라고 보기는 어렵다. 이땅에 아직껏 '완전한 문화'가 없는 근원적 이유는 좋은 민중에 값할 만한 좋은 정치가 결여되어왔기 때문이라는 자각을 통치자는 느껴야 할 노릇이다.

실제에 있어서 학원세력은 비판하고 부정하고 저항하는 행동을 통하여 언제나 조국에 기여하게 마련이다.

지극히 명료한 논리임에도 불구하고, 정부나 일부 어용학자 또는 변질된 언론기관이 입을 모아 '부정과 저항의 시대는 가고 이젠 희망과 긍정, 봉사의 시대가 왔다'고 아무 거리낌도 없이 떠들어대고 있다. 그러한 사회참여와 건설의 역군이 되기를 대학생의 사명으로 아무리 강조한다 할지라도 그것이 진정한 사회참여는 아니며, 우리의 현실이 암담하고 절박한 이상 협력관계보다는 대응관계를 통하여 사회참여의 길을 확인할 수밖에 없으리라. 그렇다. 획일적인 체제의 비호를 받으면서 학생운동의 저 연면한 전통이 발전적으로 계승되리라고 믿는다면 슬픈 착각이다.

그렇다고 해서 한국의 학생은 치외법권 지대에 두어야 한다는 극단론을 전개하자는 것이 아니다. 민주주의와 민족주의의 참다운 개화를 위하여 일체의 반민주 반민족적인 독소에 대한 비판활동을 지도층은 그들에게 널리 권장해야 하며, 그런 과정을 부단히 되풀이하는 데에서 비로소 참다운 소망의 영역에 이를 수 있게 된다.

젊은이들은 그러한 활동을 문화행위로 쉬지 않고 전개해나감으로써만이 실로 지도적 전위로 평가받게 된다는 것을 잊지 말아야 한다. 그리하여 우리의 학생운동은 새로운 문화운동으로 그 차원을 달리해야 하는바, 부패하는 세대를 이해는 할망정 용납해서는 안 되며, 전근대적인 낡은 요소의 완전한 청산과 민족복지 사회의 이념을 확립하는 방향으로 학생운동의 진로를 스스로 개척하는 십자군이 될 수 있어야 한다. 요컨대 학생운동의 유일한 스승은 우리의 절박한 현실상황이다. 단지 어떻게 변혁하느냐가 문제다. 그러자면 진정한 자유화와 근대화의 수행에 따르는 어떠한 진통이 온다 할지라도 앞장서서 몸소 분투하지 않을 수가 없다. 아래로부터의 생성을 통하여 새로운 문화를 보편화함으로써 기성문화와의 적대관계를 해소하는 일이 가능해진다.

현실을 발전적인 실체로 파악해야 한다. 상황은 늘 격변한다. 우리는 전 세대나 지난날의 표현방식으로 오늘의 우리를 대변할 수 없음을 안다. 학생운동의 경우도 마찬가지이다. 오늘의 모든 제약적 여건 속에서 지난날의 정치만능 풍조로 학생운동을 해나가기를 고집한다면 자멸을 면치 못한다. 오늘의 상황은 매우 달라졌다. 문화활동을 통한 정신무장으로 마비일로에 있는 의식을 일깨워야 하는 신성한 직책이 우리에겐 남아 있다. 오늘의 상황은 인텔리를 백치로도 만들고 사자로도 만든다.

사자는 쉽게 노호하지 않는다. 그러나 잠에서 깨어 일어날 때 우리 역사의 내일은 필연적으로 달라진다.

【참 고】
길현모 '4월과 5월과 6월'《사상계》1965. 6.
'J. P. 사르트르와 D. 콩방디의 대화' ⟨Le Nouvel Observateur⟩ 1968. 5. 22.
송건호 '선진국의 학생운동'《기러기》1970. 4.
부완혁 '한국의 학생운동—과거와 미래' (상동)
송 복 '대중문화'《예술계》1970. 여름호
차인석 '문화인이란 무엇인가'《신동아》1970. 10.
砂田一郎 '아메리카 문화혁명의 젊은이들'《중앙공론》1970. 10.

임중빈

문학평론가.
1939년 충남 보령 출생, 2005년 작고.
성균관대학교 국문학과 졸업.
조선일보·동아일보 신춘문예 및 문학평론 당선(1964~1965)
역서 A. 모라비아《권태》.

월간 《다리》지 필화사건의 변론서

변 론 서

한 승 헌

사　　　건	반공법위반
담당변호인	변호사 한승헌
차　　　례	1. 서론
	2. 무서운 오해(사실점)
	3. 증거에 의한 평가
	4. 반공법 제4조의 의율
	5. 결론

1. 서론

우리 헌법은 분명히 언론의 자유를 보장하고 있다. 의사발표의 자유야말로 기본권 중의 기본권이며 자유민주 체제의 이념적 근간을 형성하는 요소가 되고 있다. 국민의 자유는 오직 공중도덕이나 사회윤리를 침해하여서는 아니 되고(헌법 제18조 5항 후단) 질서유지 또는 공공복리를 위하여 필요한 경우에 한하여 법률로써 제한할 수 있을 뿐이다.(헌법 제32조 전단)

이와 같은 자유권에 있어서의 법률의 유보는 그 역사적 의미로 보나 본질적 이념에 비추어 국가권력에 의한 침해로부터 개인의 자유를 보장하려는 데 그 목적이 있는 것이다.

다시 말하면, 국민의 자유를 제약할 수 있는 사유와 근거를 엄격히 제한함으로써 권력의 방자한 압제를 방지하자는 데 본말의 뜻이 있다.

그러나 '질서유지와 공공복리를 위한 필요'란 매우 애매할 경우가 많을 뿐더러 논자의 입장에 따라서 다양한 이견이 대두될 수 있는 문제점을 안고 있음도 사실이다. 하나의 기준을 해석하기 위하여 또 다른 기준이 필요하다보면 '기준의 기준' '해석의 해석' '기준의 해석' '해석의 기준'이 무한히 되풀이되며 때로는 논리의 모순이나 순환론에 빠지고 말게 된다.

이런 현상은 입법상의 혼미를 자아내는 데 그치지 않고 실정법규의 해석과 적용에까지 커다란 위험을 파생한다.

정치권력의 입장에만 치우친 안목에서 현실에 대한 고발이나 비판 또는 개혁에의 의지를 모두 반정부적인 내지는 이단적인 것으로 보고 이들에 대한 규제사유로써 질서유지나 공공의 복리(또는 그것을 이유로 한 법률조항)를 내세우기 쉽다.

특히, 우리 한국에 있어서는 반공관계 법률이 위정자의 자기방어적 편법으로 남용되어 국민의 비판적 언론을 봉쇄하는 데 동원되는 악례가 있다.

그러한 법의 오용은 '현실비판→반정부→반국가→용공'이라는 색맹적 독단의 소치가 아니면 전단교조주의적專斷敎條主義的 사고의 해독이라고 지탄되어 마땅한 것이다.

본건비판의 대상이 된 임중빈 피고인의 논문 '사회참여를 통한 학생운동'이 적을 이롭게 하는 글이라고 주장하면서 반공법위반으로 구속 제소한 처사도 그러한 일례가 될 만하다.

우리나라의 특이한 긴박상황을 이유삼아 그만한 내용의 글마저도 용공시한다는 것은 언론자유 그 자체의 부정인 동시에 '자유와 권리의 본질적인 내용을 침해할 수 없다'(헌법 제32조 2항 후단)는 헌법상의 기본적 데드 라인을 파괴하는 '위험스러운 애국'이라고 보지 않을 수 없다.

2. 무서운 오해

무릇 한 편의 글을 평가함에 있어서는 글 자체에 나타난 그대로를 선입견 없이 그리고 전체적 대의로 파악하여야 함이 우리의 건전한 상식이다.

형사책임을 가리는 마당에서는 더욱 그러하며 특히 '평균적 독자'의 입장을 벗어나서는 안 된다.

만일 위에 적은 세 개의 초보적 룰조차 무시한 나머지 편견에 사로잡혀 부분만을 꼬집어 정보사찰적 검열자의 의식으로 표현물을 탓잡는다면 참으로 위험천만한 오해를 빚어내게 된다.

임 피고인의 본건 논문에 대해서도 앞서 내세운 초보적 룰을 경외시한 데서 오는 오해가 용공혐의로까지 번진 것으로 생각된다.

우선, 공소장 첫머리에 장황한 모두사실 기재에서 본건 논문으로 겨냥한 편견과 예단의 흔적이 역연하다. 다음으로, 본건 논문의 주제적 흐름이라고 볼 수 없는 지엽적인 부분만을 단편화하여 공소사실의 문맥으로 삼고, 정작 필자의 판단과 주장이라고 볼 수 있는 대목은 전혀 무갈한 데서 제2, 제3의 룰이 유린되었음을 느낀다.

어쨌든 본건 논문 중 공소사실에서 문제삼은 몇 개의 판단적 기술이 과연 어떠한 본의를 지니고 있는 것인가 하는 점은(기왕 부분을 들추어 소추가 되었으니) 밝혀볼 필요가 있다.

(1) '한국 학생운동은 정권을 타도하는 데 절대적인 위치에 있다고 전제한 후' 운운하였으나 문제의 글 어디에도 그런 뜻으로 기술한 바가 없고

(2) '문화혁명은 정치혁명에 선행함은 물론…… 문화의식의 성을 쌓을 것을 제안한다'는 대목을 현정권 타도의 방법으로서 그런 방향 제시를 한 것이라고 보고 있다(공소사실 제3면 위에서 6행째 이하). 그러나 필자가 여기서 쓴 혁명이란 말은 정치학적 용어로서가 아니라 일반적으로 말하는 변혁의 뜻을 나타내는 것이다.

지적된 대목 바로 다음에(《다리》지 제66면 좌단 아래로부터 9행째 이하) '문화란 인간의 존재양식이며 생활양식'이라 전제하고 '현단계에서 우리에겐 문화를 통한 경건한 변혁이 필수의 것으로 요청되고 있는 성싶다'고 한 것만 보아도 필자가 앞서 쓴 '혁명'이란 용어는 오직 '변혁'의 뜻임이 명백하며, 문화혁명이란 결국 '역사의 방향을 바로잡아 이를 선도하고 계발하는 진정한 문화의 형성'……(전지 동면 좌단 아래쪽부터 우단 첫 줄까지)이라고 스스로 부연하고 있다.

그렇다면 여기서 말하는 '문화혁명'을 마치 중공의 난동적인 그것

과 유사시하는 듯한 견해는 성립될 여지가 없을 뿐 아니라 실은 '미래가 있는 거시적인 청년문화', 외국 같은 '비트나 히피의 아류문화가 아닌 건전한 문화 형성'(동면 우단 위에서 2행째 이하)을 주창한 점에서 차라리 '건전한 청년문화론'이라 보아야 옳다.

그리고 위에서 정치적 도전이란 현재의 집권정부에 대한 타도행위가 아니라 반 세기 학생운동이 준 민족·민주투쟁(동지 제67면 우단 위에서 첫째행 이하)임은 기술의 문맥상 의심의 여지가 없다.

비합헌적 방법에 의한 쿠데타라는 의미로서 '혁명'을 공공연히 주장할 사람이 어디에 있으며 '혁명'이란 두 자를 피해망상 일변도로 곡해할 때 그 해독은 어떠하겠는가.

(3) '젊은이들이라면 기성 권위와 가치에 대하여 마땅히 도전해야 한다.…… 그러기에 젊은이들의 반항은 전세계적인 현상으로 나타난다'는 설명 아래 불란서 학생들의 5월혁명과 미국의 뉴 레프트 활동에 대한 타당성을 대상으로 하여 운운하였으나(공소사실 아래에서 3행째 이하), 기성 권위와 가치에 대한 젊은이들의 도전, 반항은 이미 통속화되다시피 한 사회풍조이면서 세대간의 불협화를 나타내는 것일 뿐 좌파 학생들의 활동과는 엄격히 구분되어야 할 문제이다.

필자가 불란서의 5월학생혁명이나 미국의 뉴 레프트 활동을 거론한 것은 한국의 학생운동과 외국의 그것을 비교하기 위하여 예증비판을 하는 방법의 하나였음이 문면상 뚜렷하며 한국의 경우와 결부시켜 그들의 타당성을 수긍한 일은 전혀 없다. 파리의 학생데모가 실은 기숙사 운영에 관한 불만에서 발단된 소승적인 것임에 반하여 한국의 학생운동은 거국적이고도 범국민적인 문제, 민주주의의 수호를 위한 투쟁 등의 차원 높은 성격을 지녔음을 강조했는가 하면(동지 제63면 끝부터 제64면 우상단) '미국의 뉴 레프트라는 것도 이렇다 할 체계도 없고 뚜렷한 방향도 서 있지 않다'(동지 제65면 좌중단)고 비판하고 있다.

(4) '5월혁명은 철저한 저항정신 바로 그 행동아다운 품격을 신봉하는 현상으로 해석된다.…… 학생운동의 진폭을 넓힌 것이었고 끝내 드골 정권을 위기로 이끌었다'고 적시하여 한국 학생운동의 정권타도를 위한 방법으로 학생과 노동자의 통일전선 실현이 필요하며 한국과 같은 나라에서는 아나키즘이나 붉은 혁명으로서 정권을 타도할 수 있는 가능성을 암시하였다고 하나(공소사실 제4면 위에서 5행째부터 제5면 위에서 2행째까지), 이런 검찰의 해석은 너무도 엄청난 왜곡이다. 어디까지나 불란서라는 사회와 그 나라의 정치적 풍랑 속에서 학생운동이 어떠한 영향을 빚어냈느냐 하는 점을 고찰한 것인데 이것을 가지고 곧 한국에서 학생 노동자의 정치적 통일전선의 가능성을 암시했다니 몇 번 비약해도 도달할 수 없는 허황된 강변이 아닐 수 없다.

필자의 의도인즉 바로 그 다음부분에서 자세한 예시로 밝혔듯이 불란서 학생의 거센 운동이 그 동기와 발단에 있어서 주로 기숙사 운영문제나 개인의 해방을 요구하는 데 있었으니 신변적 성격이 농후하여 한국의 광주학생사건, 3·1운동 등과 같은 집단적 갈망을 대변하는 학생운동의 성격과 다름을 뚜렷이 하는 데 있었다.

(5) 미국의 뉴 레프트는 이념의 카오스 상태에서…… 정치적 도전에는 무의미하지만 문화형성에는 영향력을 미치고 있기 때문이다라고 한 대목을 끄집어 뉴 레프트의 저항적 행동력은 한국학생의 정권타도 운동의 하나의 방법이 될 수 있다는 것을 인정하였다고 공격한다.(공소사실 제5면 위에서 2행째부터 밑에서 6행째까지)

그러나 여기에 인용된 부분의 중간에는 검찰이 일부러 삭제시킨 대목이 있다. 즉, '뉴 레프트라는 것도 마찬가지다'라 했는데, 여기에서 마찬가지라 함은 그 앞대목에서 '그들(다니엘 콩방디와 루디 듀츠게)은 유물론자라기보다 무정부주의자이며 격렬한 행동파에 지나지 않는다'와 연관된다. 요컨대, 뉴 레프트는 무모한 행동파일 뿐 체계도 방향도 없는 무리라는 혹평을 한 것이다. 뿐만 아니라, 필자는 '이러한 기성 체제에 전적으로 도전하는 풍속적 현상이 반드시 바람직한 일일 수는 없다'(동지 65면 좌중단부)고 못박았으니 도시 한국의 정권타도에 써먹을 방법으로 그것들을 인정했다는 주장은 추호도 나올 여지가 없다. 오히려 필자는 '은연중 새로이 대두되는 아나키즘을 경계하지 않으면 안 된다'(동지 67면 좌중단부)고 명쾌하게 경각심까지 제고하고 있는 것이다.

언뜻 보기에는 뉴 레프트파가 현체제를 비판하고 젊음의 행동력을 과시하는 그 자체는 우리에게 일말의 가능성을 안겨준다 했으니 '일말의 가능성'이란 무슨 수상쩍은 여지를 두고 하는 말로 들릴지 모른다.

하지만 여기서는 종잡을 수 없는 그들의 이념이나 방향 그리고 거부의 대상 비판의 각도…… 이런 것을 두고 말함이 아니라 '젊음의 행동력'만이 '그 자체'와 동격으로 나타나 있으며 우리 젊은이들의 허약심을 일깨우는 의미로 해석되는 것이다.

더욱이 필자는 '사실 고도성장에 대한 혐오 내지는 발작에 가까운 인간괴물들의 전시장인 아메리카의 문화혁명이 단순한 광기의 발산에 지나지 못한다는 사실을 우리는 내다본다'(동지 65면 우하단부)고 하였는데 이것은 오히려 뉴 레프트를 모멸하고 규탄하는 견해라 하겠다.

3. 증거에 의한 평가

원래 작품이나 논문이 재판의 대상으로 되었을 때에는 통상의 형사사건과 사실인정의 과정이 같을 수가 없다.

게재 발표된 글이 현존하는 이상 재판의 중핵적 작업은 '인정된 사실(피고인이 쓴 글의 내용)에 대한 규범적 평가'에 귀착된다.(범의의 유무는 만일 처벌법규에 저촉되는 내용이라고 판단된 다음에야 따질 문제이다.)

글이란 같은 표현, 같은 내용이라도 읽는 사람의 입장, 세계관, 이해도에 따라서 상이한 견해를 자아낼 수가 있다.

앞서 평균적 독자의 입장을 강조한 것은 사찰적 직무에 있는 사람의 편향성을 배제하고 객관적이면서도 중립적인 견해를 집약하는 것이 가장 타당하기 때문이었다.

특히, 본건 심리과정에서처럼 검사와 피고인 측의 견해가 시종 상반하였을 경우는 중립적 제3자의 진술이 판단의 자료로서 큰 의미를 갖는다고 할 것이다.

(1) 먼저 당심의 증인 남재희는 학생운동의 성격과 방향에 관하여 우선 문화적 작업이 저변의 기초를 이루고 다음에 사회적 참여와 정치적 참여가 따르는 피라미드 현상이 바람직하다고 말하고, 그러나 한국의 학생운동은 정치적 참여가 과잉되는 반면 문화적 측면이 소홀히 되는, 이른바 역 피라미드 현상을 빚어내고 있다고 지적하면서, 우리의 학생운동은 정치적인 면보다는 문화의 형성에 주력하는 방향으로 나아가야 한다는 의미에서 피고인의 청년문화론은 오히려 당연한 주장이라고 증언했다. 그리고 피고인의 글 끝머리에 보면, 자유화와 근대화를 강조하고 있을 뿐 국체와는 아무런 관계도 없는 것으로 정

권의 타도와는 무관할 뿐 아니라 외국의 예를 든 것은 비교비판을 위한 예증으로 본다고 진술하였다. 또한 소위 '좌파'라는 것은 공산주의자와 동일하지 않으며 반드시 비합법적인 것도 아니라고 하고, 그 예로써 우리나라의 통일사회당은 분명히 좌파적이지만 합법정당으로 존립하고 있다고 증언하였다.

(2) 증인 구상은, 피고인이 독실한 천주교신자로서 장면, 노기남 등의 회고록과 그밖의 반공물을 집필하면서 그 가운데 주인공들의 반공투쟁 및 공산도당에 의한 박해를 충실히 묘사하고 있는 점만 보아도, 그의 신념이 결코 용공적인 것이 아니라고 증언하였다. 또한 문제의 글에서 뉴 레프트나 불란서 5월혁명 콩방디 등을 예증한 것은 한국의 학생운동의 방향을 선명히 밝히기 위한 문장기법상의 이른바 '반유법'이며, 오히려 외국의 경우를 비판한 것으로는 볼망정 찬양할 의도는 조금도 없었다고 본다고 말하였다.

(3) 증인 송건호는, 불란서 5월혁명이나 뉴 레프트는 공산주의 운동과는 성격이 판이하며 동서 양대국가가 모두 고도로 발달된 메커니즘 속에 휘말려 있기 때문에 그런 상황 속에서의 인간의 회복을 시도하는 움직임이며 반드시 정치적인 면에서의 친공세력이라고 볼 수는 없다고 하면서 임 피고인의 본 논문은 우리나라에서 허용되는 비판과 언론의 범위를 조금도 벗어나지 않은 것이라고 증언했다.

그는 루디 듀츠게가 반서방적이면서 반공산적인 사람인데 굳이 규정을 한다면 반소적인 면이 훨씬 강하다고 하면서 우리가 매사를 용공이냐 반공이냐 하는 두 판으로만 생각하다보면 어떤 인물이나 사조를 곡해하기 쉬운 결과를 가져온다고 진술했다.

(4) 증인 김상현은, 월간《다리》지가 중류 이상의 지식인을 독자층

으로 예정하고 간행되었으며 본건 임 피고인의 글을 문제시하는 태도는 동 피고인이 야당인사인 김대중의 전기를 집필중이었기 때문에 당하는 탄압으로 본다고 진술하였다.

(5) 그밖에 증인 박창근, 윤길한, 최의선 또한 증언을 통하여, 자기들이 검사 조사때에 본건 논문이 정치혁명을 이룩하자는 불온한 내용의 글이라고 진술한 사실이 없음을 밝히고 '자술서'의 작성이 자의에 의한 것이 아니라고 진술하였다.

이상에서 살펴본 여러 증언을 종합하건대,

본건 임 피고인의 글이 국외 공산계열의 활동을 찬양함으로써 반국가단체를 이롭게 했다는 검사의 공소사실은 인정될 여지가 없는 반면 자유민주 국가에서 당연히 허용되는 문필활동의 일환으로서 차라리 대한민국을 위하여 이익되는 내용임을 확신할 수 있는 것이다.

4. 반공법 제4조의 의율擬律

본건 공소의 적용법조는 반공법 제4조 1항인데 공소사실 말미부분에 보면 '국외 공산계열인 전시 콩방디 등 극좌파를 비롯한 미국의 뉴레프트주의자들의 활동을 찬양, 고무, 동조함으로써 동 국외 공산계열 및 반국가 단체인 북괴를 이롭게' 한 것이라고 했다.

따라서 본건 공소는 (1) 반국가 단체나 그 구성원의 활동에 대한 찬양 등이 아니라 (2) 국외 공산계열의 활동에 대한 찬양 등으로 지적되었으며 (3) 그러한 (2)의 소행이 반국가 단체인 북괴를 이롭게 했다는 취의趣意로 보인다.

그렇다면 여기서 문제될 점은,

(1) '콩방디 등 극좌파나 미국의 뉴 레프트주의자'들이 반공법상의 국외 공산계열인가.
(2) 본건 논문은 그들의 활동을 찬양, 고무, 동조한 것으로 볼 수 있는가.
(3) 만일 (2)항에 해당된다면 그것이 과연 국외의 공산계열 및 반국가 단체인 북괴를 이롭게 한 것으로 볼 수 있는가……의 세 가지 요건이 모두 충족되는가에 집약된다.

첫째, 콩방디나 미국의 뉴 레프트는 좌파적인 일면은 있지만 그렇다고 곧 공산주의라고 볼 수 없음은 전술한 바와 같으며 가사 그들의 사상이나 행태에 공산주의적인 일면이 있다고 해도 그것만 가지고 바로 공산'계열'이라고 속단할 수는 없다.

공산계열이라 함은 적어도 공산'국가'이거나 우리나라와의 관계에 있어서 적성적인 공산세력 중 사실상의 정치집단, 교전단체, 반란단체의 형태를 갖춘 정도에 이른 것을 지칭하는 것으로 해석함이 타당하며, 그들과 이념의 일부가 공통되는 어느 개인이나 군상까지 '계열'시 할 수 없다고 본다.

둘째, (설령 콩방디나 뉴 레프트를 공산계열이라고 본다 치더라도) 본건 논문에서 필자는 그들을 찬양, 고무 또는 동조한 바가 없다. 앞서 진술한 대로 한국의 학생운동과 비교하기 위하여 예증, 비판을 하였을 뿐이다. 더욱이, 본건 논문의 결론인즉 '우리의 학생운동은 새로운 문화운동으로 그 차원을 달리해야 하는바, 부패하는 세대를 이해는 할망정 용납해서는 안 되며, 전근대적인 낡은 요소의 완전한 청산과 민족복지사회의 이념을 확립하는 방향으로 학생운동의 진로를 스스로 개척하는 십자군이 될 수 있어야 한다'(동지 제69면 우중단부)고 제시하였고 마지막 대목에서는 정치만능 풍조로 학생운동을 해나가기를 고집하지 말고 문화활동을 통한 정신무장을 강조하였으니 공산계열의 찬양 등과는 전혀 관계없는 순수한 방향제시임이 명백하다.

셋째, (설령 앞의 (2)항에 해당된다 하더라도) 국외 공산계열 및 북괴에 이롭다고 단정할 수 없다. 우리나라와 같은 자유민주 체제하에서는 이질적인 것을 연구하고 발표할 자유가 있으며 반드시 비난의 자유만 있는 것이 아니다. 이런 점은 전체주의나 독재체제와 구별되는 민주국가의 참다운 강점이요, 자랑이다. 또 국가적인 견지에서 위험스러운 풍조라 하더라도 이를 거론하고 검토하고, 경우에 따라서는 취사지피取捨知彼하여 방어하는 실익은 우리에게 보탬이 되는 것이요, 맹목적인 공격보다 훨씬 차원 높은 자세가 되는 것이다. 다시 말해서, 이 정도의 글마저 발표할 수 없다면 바로 그것은 자유민주주의 근간을 뒤엎는 것으로서 마치 우리나라에서 자유가 말살되는 듯한 인상을 줌으로써 반국가 단체를 반사적으로 이롭게 할 위험이 크다는 것이다. 그리고 우리나라의 한 문필인이 국외의 좌파를 설령 긍정적으로 보았다 치더라도, 그것이 어떻게 해서 콩방디나 뉴 레프트에게 이로운 것이며 반국가 단체를 어떻게 이롭게 하는 것인지 분명하지 않을 뿐 아니라, 만약 저들의 역선전에 이용될 우려만을 상정하여 거기에 이용되어 선전 구실화하는 것이 곧 이적이라고 논리를 비약시킨다면, 이것이야말로 일체의 고발과 비판을 억누르는 독선적 사고라 아니 할 수 없다.

이른바 '명백하고 현존하는 위험'이 없는 한, 지나친 가상 하의 위험에 집착한 분명分明 없는 이적시利敵視는 마땅히 배제되어야 하며 민주적이고 건전한 사고에 입각하는 한, 본건 논문은 조금도 적에게 이로운 것이 아님을 깨닫게 될 것이다.

5. 결론

따라서 (1) 피고인 임중빈의 소위는 국외 공산계열을 찬양, 고무, 동조한 것이 아니며, 따라서 반국가 단체를 이롭게 한 것이라 볼 수 없으니 무죄라 할 것이고, (2) 동 윤형두에 대하여는 앞의 임중빈의 유죄를 전제로 하여 논란할 수 있는바 동인에 대한 형사책임이 없다고 보는 이상 아울러 무죄가 되어야 한다고 생각한다.

한 승 헌

호는 산민山民
1934년 전북 진안 출생.
전북대학교 법정대학 졸. 1997년 전북대학교 명예박사학위 수위.
사법고시 제8회 합격.
법무부 검찰국, 서울지방검찰청 등에서 검사직 역임.
1965년 변호사로 전신 후 양심수를 변호하고 반독재 민주화운동 참여.
1975년 김지하 시인 변호인을 사퇴하지 않음으로써 반공법위반으로 구속 및 김대중 등 내란음모사건으로 구속. 국제앰네스티 한국위원회 창립이사(전무이사), 한국기독교교회협의회 인권위원회 위원, 재일한국인위원회 위원, 민주회복국민회의 중앙위원, 민주주의와 민족통일을위한국민연합 중앙위원 활동.
1983년 법조계 복권
6월민주항쟁 민주헌법쟁취국민운동본부 상임공동대표로서 사상초유 변호사 가두시위 방송위원회, 저작권심의조정위원회, 언론중재위원회 활동 및 헌법재판소 자문위원 활동.
1998~1999년 감사원장 역임.
(사)동학농민혁명기념사업회 이사장, 사회복지공동모금회 회장, 사법제도개혁추진위원회 위원장, SBS시청자위원회 위원장, (재)범우출판문화재단 이사장 등.

월간 《다리》지 필화사건의 판결문

서 울 형 사 지 방 법 원

판 결

사 건   71고단 2423 반공법위반

피고인   (1) 임중빈(任重彬) 문필가 △△△△생

　　　　　　주거 서울 성북구 전농동 산 12

　　　　　　본적 △△△△△△

　　　　(2) 윤형두(尹炯斗) 편집인 겸 주간 △△△△생

　　　　　　주거 서울 영등포구 봉천동 98의 1

　　　　　　본적 △△△△△△

　　　　(3) 윤재식(尹在植) 편집인 겸 주간 △△△△생

　　　　　　주거 서울 성동구 금호동 3가 94

　　　　　　본적 △△△△△△

검 사   김종건, 이규명

변호인 홍영기, 주도윤, 이택돈, 이상혁, 한승헌

주 문   피고들은 각 무죄

이 유   본안에 들어가기에 앞서 먼저 검사의 '합의부 이송' 신청에

관하여 판단한다.

현행 형사소송법 체제 아래서는 검사로서 단독판사 앞에 계류중인 사건에 대한 사물관할이 합의부에 있다 하여 단독판사에게 그 사건을 합의부로 이송해달라고 청구할 법적 근거가 없으니 위 신청은 부적법하여 각하를 면치 못할 것이나 혹시 사물관할이 합의부에 속하는 사건을 단독판사가 심판함은 관할위반이니 그 사건을 실무상 용인되는 '사건 재배당'의 절차를 밟아 합의부로 이송해달라고 촉구하는 뜻이 아니면 관할위반을 들고 나오는 것이 아닌가 해석되므로 과연 이 사건에 대한 사물관할이 단독판사가 아닌 합의부에 있는가 여부에 관하여 따져본다.

형사소송법 제1조의 규정에 의하면, 법원은 직권으로 관할을 조사하도록 되어 있고, 원래 사물관할은 검사가 공소 제기한 범죄사실과 죄명 및 적용법조 등을 총괄적으로 따져서 정하여야 하고 형식적으로 기재된 적용법조만을 표준으로 그 관할의 유무를 따질 수는 없다 할 것인바, 검사는 이 사건 사물관할은 피고인 임중빈이가 전에 국가보안법위반죄 등으로 유죄의 선고를 받아 현재 그 형의 집행유예 기간중에 있는 전과가 있어 반공법 제9조의 2에 해당되어 법정형의 최고를 사형까지 할 수 있으니 법원조직법 제29조의 규정에 따라 합의부에 있다고 내세우고 있으나 피고인 임중빈이가 1969. 9. 1. 서울고등법원에서 국가보안법위반죄 등으로 징역 1년에 2년간 집행유예의 선고를 받아 현재 그 유예기간중에 있는 전과가 있음은 검사 공소장에서 스스로 밝히고 있고, 원래 형의 집행유예는 반공법 제9조 2에서 말하는 형이 집행중이거나 형의 집행을 종료에 해당되지 아니 함은 물론 집행유예의 선고를 받은 후 형법 제62조 단행의 사유가 발각된 때는 그 집행유예의 선고를 취소할 수 있을 뿐 아니라(형법 제64조 참조) 그 유예기간중 금고 이상의 형을 선고받아 그 판결이 확정된 때에는 집행유예의 선고는 효력을 잃어버려 그형의 집행을 받아야 되는(형법 제63조 참조) 불확정한 상태에 놓여 있으니 반공법 제9조의 2에서 말하는 유죄의 판결을 받은 자가 그 집행을 받지 아니하기로 확정된 때에도 해당 안 됨이 뚜렷하다.

그렇다면 검사가 공소장 적용 법조란에 형식적으로 기재한 반공법 제9조의 2 조문은 그 공소장 자체에서 이 사건에서 적용할 수 없음이 뚜렷한 데도 쓸데없이 덧붙여 기재해놓은 것에 지나지 아니하고, 따라서 이 사건 사물관할은 단독판사에게 있음이 명백하므로 이점에서도 검사의 '합의부 이송' 신청은 이유 없이 받아들일 수 없다.

그러므로 이 사건 본안에 관하여 판단한다.

검사의 이 사건 공소사실의 요지는,

국외 공산계열 또는 반국가 단체의 활동을 찬양하거나 고무, 동조하면 그 계열이나 단체에 이익이 된다는 점을 잘 알면서도,

(1) 피고인 임중빈은,

대학 재학시절부터 사회주의 교양서적을 탐독하여 사회주의의 이념을 보지하고 북괴의 노선에 입각한 사회주의 사회 건설을 위하여는 현정권을 타도하는 것만이 그 첩경이고 현정권의 타도는 학생운동의 사회주의적 문화혁명만이 그 방법이라고 망상한 나머지 1970. 10. 초순경《다리》사 취재부 기자인 공소 외 최의선으로부터 동 다리지 11월호의 특집으로 '사회참여를 통한 학생운동'이란 제목의 원고를 투고해달라는 청탁을 받게 됨을 기화로 서울 성북구 정릉동 산 12에 있는 자기 집에서 그 원고를 작성함에 있어서 한국사회에서는 야사적

인 것보다는 오히려 정사적인 전통이 있는 학생운동이 역사적으로 가능하였으며, 특히 4·19 학생활동에 이르러서는 정권을 타도하는 정도의 획기적인 위치를 차지하였으므로 한국 학생운동은 정권을 타도하는 데 절대적인 위치에 있다고 전제한 후, '문화혁명은 정치혁명에 선행함은 물론 사회구조의 질적인 향상에 기여한다.…… 나는 정치적 도전을 포기하자고 권유하지 않는다. 정치적인 정면도전이 어려울 때 문화적 뱅가드로서 젊은 우리 세대는 미더운 문화의식의 성을 쌓을 것을 감히 제안한다'라고 적시하여 정권타도를 근본목적으로 하지만 현정권의 안정성에 비추어 정권에의 정면도전은 그 목적달성의 가능성이 희박하므로 한국 학생운동은 정치혁명의 전단계로서의 문화혁명을 일으키는 길만이 학생운동의 방향이 될 수 있는 것이라 주장하면서, 현 학생운동은 주체성과 비전 등이 결여되고 무기력하고 좌절감에 차 있다고 지적하여 이러한 상태의 학생운동의 새로운 진로를 제시하기를

'젊은이들이라면 기성 권위와 가치에 대하여 마땅히 도전해야 한다. 맹종이란 자기소외의 지름길이다. 그러기에 젊은이들의 반항은 전세계적인 현상, 특히 아나키즘의 현상으로 나타난다'는 설명 아래 국외 학생운동의 선례를 들어, 1968년 프랑스 파리에서 드골 정권 타도에 봉기하였던 극좌파 학생운동인 5월혁명과 북괴 수뇌 김일성의 사상노선과 방법론 등을 교조로 삼아 미국정부 타도에 앞장서고 있는 미국의 극좌파인 뉴 레프티스트의 활동에 대한 타당성 등을 대상으로 하여, 즉 '5월혁명은 철저한 저항정신, 바로 그 행동아다운 품격을 신봉하고 체제 전체에 대한 이의를 제기하고 나온 학생운동이었으며, 당장에 드골 체제가 타도된 것은 아니었으나 그것이 계기가 되

어 드골 정권의 10년 권위가 흔들린 것은 사실이며, 사회구조의 근저적인 변화가 온 것은 없으나 정권교체의 효모의 구실을 한 점은 인정되며 무정부주의의 탈을 쓴 폭력의 계절풍 속에서 그들은 붉은 혁명을 요구하였던 것이며, 자본주의 사회의 해체에 따른 제3세계의 혁명이란 프랑스에서 실현될 역사적인 필연성이 희박했으므로 변혁의 가능성을 지나치게 확대한 격정의 소치라는 혹평을 면치 못한 점도 있으나, 한때나마 학생과 노동자의 실질적인 연대감이 작용하여 공동투쟁을 벌이게 된 것은 학생운동의 진폭을 넓힌 것이라 할 수 있고, 이것이 끝내는 드골 정권을 위기로 이끌어 넣은 것이었다'라고 단정, 적시하여 한국 학생운동의 정권타도를 위한 방법으로는 학생과 노동자의 통일전선 실현이 필요하며 이러한 공동투쟁은 한국과 같이 자본주의 사회가 확립되지 못한 개발도상 국가에서는 아나키즘이나 붉은 혁명으로 정권을 타도할 수 있는 가능성이 쉽게 이루어질 수 있다는 것을 역설적으로 암시하고 또한 '미국의 뉴 레프트는 이념의 카오스 상태에서 온갖 모순을 무릅쓰고 기성의 모든 권위와 가치에 도전하고 있다. 마르크스 등을 사상적 지주로 삼고 있는 그들의 움직임은 전통적인 사유를 거부하면서 현체제를 날카롭게 비판하고 맹렬히 부정함으로써 젊음의 행동력을 과시한다. 그런데 그 자체가 우리에겐 일말의 가능성을 안겨줄 수 있는지도 모른다. 왜냐하면 그들 신좌파는 정치적 도전에는 무의미하지만 문화형성에는 다소 영향력을 미치고 있기 때문이다'라고 적시하여 동 뉴 레프트는 이념 등에는 일부 모순점이 있다 할지라도 그들의 현 체제를 비판하고 부인하는 저항적 행동력은 정치혁명에 선행되는 문화혁명에 기여할 수 있는 것으로서는 한국 학생의 정권타도 운동에도 하나의 방법이 될 수 있다는 것을 인정함으로써 전시 불란서 극좌파 학생운동의 수괴인 콩방디에 의한 5월 혁명과 미국의 극좌파 행동주의파들인 뉴 레프트의 활동 등 국외 공산계열의 활동방법이 한국 정권을 타도하기 위한 정치혁명의 전 단계로서 문화혁명을 일으키는 방법에 일조가 되며 학생운동에 하나의 지침이 될 수 있다는 것으로 설시하여 한국 학생운동에 이를 받아들여야 한다는 취지로 주장, 논단하여 동 원고를 동년 10월 초순경 동《다리》사에 제출, 동월 하순경 동《다리》지 동년 11월호에 게재, 발간케 하여 국외 공산계열인 전시 콩방디 등 극좌파를 비롯한 미국의 뉴 레프트주의자들의 활동을 찬양, 고무, 동조함으로써 동 국외 공산계열 및 반국가 단체인 북괴를 이롭게 하고,

(2) 피고인 윤형두, 동 윤재식은,

동《다리》사의 편집인, 발행인 등으로서 동《다리》사에 제출되는 원고를 편집장, 교정부 기자 등이 편집교정을 완료하면 동 원고에 대하여 편집인 윤형두는 검토 교료하고 발행인 윤재식은 검토 확인하여 인쇄 발간케 하는 직무를 가진 자 등인바,

1970. 10. 중순경 동《다리》사 사무실에서 동 월간지《다리》11월호에 게재할 학생운동 특집기사 원고를 검토함에 있어 앞서 본 임중빈의 원고는 국외 공산계열의 활동을 찬양, 고무, 동조한 것이다라고 함에 있다.

살피건대, 신민당 현직 국회의원인 공소 외 김상현이가 발행인으로 피고인 윤재식을, 편집인 겸 주간으로 피고인 윤형두를, 인쇄인으로 공소 외 탁병희를 각 들어앉혀놓고서, 민족문화를 발굴 계몽하고 외국문화를 올바르게 섭취하여 보급하겠다는 취지 아래 1970. 7. 29.자

로 문화공보부 라1336으로 등록을 마치고 발족시킨 월간잡지《다리》사 편집위원회에서 동지 11월호에 '학생운동'에 관한 특집을 마련해 보자고 합의 결정함에 따라 동 잡지사 기자인 공소 외 최의선이가 자기 나름대로 이 부분에 관한 글을 잘 쓴다고 판단한 피고인 임중빈에게 원고작성을 의뢰한 것이 계기가 되어 피고인 임중빈이가 '사회참여를 통한 학생운동'이란 제목 아래 검사가 공소장에서 군데군데 부분적으로 발췌하여 적시한 바와 같은 내용을 담은 논문을 작성, 투고하여 이 논문이 동《다리》지 11월호에 게재, 발간된 사실은 피고인들이 모두 자인하고 있을 뿐만 아니라 일건 기록상 그 증명이 뚜렷한바 검사는 피고인 임중빈이가 위 논문 가운데에서 한국사회에서는 야사적인 것보다는 오히려 정사적인 전통이 있는 학생운동이 역사적으로 가능하였으며, 특히 4·19 학생활동에 이르러서는 정권을 타도하는 정도의 획기적인 위치를 차지하였으므로 한국 학생운동은 정권을 타도하는 데 절대적인 위치에 있다고 전제한 후, '문화혁명은 정치혁명에 선행함은 물론 사회구조의 질적인 향상에 기여한다.…… 나는 정치적 도전을 포기하자고 권유하지 않는다. 정치적인 정면도전이 어려울 때 문화적 뱅가드로서 젊은 우리 세대는 미더운 문화의식의 성을 쌓을 것을 감히 제안한다'고 적시하여 정권타도를 근본적으로 하지만, 다만 현정권의 안정성에 비추어 정권에의 정면도전은 그 목적달성의 가능성이 희박하므로 한국 학생운동은 정치혁명의 전단계로서 문화혁명을 일으키는 길만이 학생운동의 방향이 될 수 있는 것이라고 주장하였다 하나, 압수된《다리》지 11월호(이하 단순히 동잡지라 한다)(증제1호) 기재 가운데 문제된 본건 내용 중 오늘날 구미 각국에서 일어나고 있는 학생운동의 투쟁동기는 주로 학교운영에 관한 문제가 대부분이다.

간혹 인종차별 철폐나 월남참전 거부 같은 것도 있지만 태반이 개인의 해방과 자유의 요구를 들고 나옴에 비추어 한국의 학생운동은 3·1운동을 비롯하여 11·3과 4·19, 6·3사태에서 보는 바와 같이 민족의 해방으로부터 거국적이고 범국민적인 문제, 민주주의 수호를 위한 투쟁 등 보다 차원이 높은 집단적인 갈망을 늘 대변해왔다.(동 잡지 63쪽 이하 참조)

이와 같이 학생들이 들고 나온 역사적 변혁의 요구로 말미암아 집권층을 무색하게 한 극적 전기가 마련된 반 세기의 확고한 전통이 서 있고 보면 우리의 학생운동은 사회참여의 주체적 기념비임이 뚜렷하고 따라서 많은 외국의 경우와는 달리 한국의 학생운동은 야사가 아닌 정사의 자리를 지킨다.(동 잡지 61쪽 참조) 현 단계에서 우리에겐 문화를 통한 경건한 변혁이 필수의 것으로 요청되고 있는 성싶다.

역사의 방향을 바로잡아 이를 선도하고 개발하는 진정한 문화의 형성이 이처럼 목마를 수 있을까. 그것은 청년문화라야 된다.

미래가 있는 거시적인 청년문화가 아니면 안 된다. 비트나 히피의 아류문화가 우리에게 무슨 도움이 되며 새로운 아나키즘의 도입이 역사적 현실의 타개에 무슨 도움이 될 것인가.

장엄한 4·19정신은 문화예술을 통하여 재생되어야 하며 그 교훈은 우리 전근대 사회와 문화에 비약적인 발전의 계기로 삼아야 한다. 이 자리에서 나는 정치적 도전을 일체 포기하자고 권유하지 않는다(동 잡지 66쪽 참조)라고 설시하고 있는 점에 비추어보면, 피고인이 당 공정에서 변소하고 있는 바와 같이 과거 우리의 학생운동은 3·1운동을 비롯하여 광주학생사건, 4·19의거, 6·3사태 등에서 볼 수 있는 민족주의와 민주주의 또는 민권수호를 위한 투쟁 등 민족운명의 타개에 활력소가 된 반 세기의 확고한 전통이 서 있음에 비추어 정사적인 위치를 차지하고 있다고 볼 수 있음에 반하여, 야사의 위치를 벗어나지 못한 선진외국의 학생운동은 그 얼마나 혼돈과 평폐상에 허덕이고 있는가를 프랑스, 미국 등의 선례를 들어 대비 설명하면서, 우리의 젊은 세대는 외국의 히피나 비트 등 아나키 현상을 배격하고 일체의 정치적 도전을 포기하자는 것은 아니나 그보다 앞서서 재래의 데모 만능 풍조로 정치적 도전만을 일삼을 게 아니라 4·19정신과 같은 민족주의와 민주주의의 전통을 확립할 수 있는 독자적인 청년문화 운동으로 역사적인 난관을 타개해보자는 일종의 '청년문화론'을 시도해본 것에 지나지 아니하고 학생운동을 현정권 타도를 위한 문화혁명을 일으키기 위한 방향으로 이끌어야 한다고 주장하였다고는 보이지 아니한다.

또한 동 피고인이 같은 논문 가운데서 밝힌 문화혁명이니 정치혁명이니 하는 '혁명'이란 단어의 뜻도 그말을 바로 쓴 다음글귀에서 그말을 부연설명하는 가운데 '현 단계에서 우리에겐 문화를 통한 경건한 변혁이 필수의 것으로 요청되고 있는 성싶다'(동 잡지 66쪽 참조)고 설시하고 있음에 비추어 단순한 변혁의 뜻을 지닌 데 불과하고 그 이상의 공산주의자들이 말하는 바와 같은 정치적 의미로서의 '혁명'을 의미하는 것은 아니라고 생각되고 아울러 '정치적 도전'이란 의미도 그 논문내용에 비추어 단순한 정권타도를 위한 투쟁을 뜻함이 아니라 과거 우리의 반 세기 학생운동이 벌여온 것과 같은 민족주의와 민주주의 또는 민권수호를 위한 투쟁 등을 의미하는 것이라고 보여질 뿐만 아니라 그 논문 전체내용을 아무리 훑어보아도 한국 학생운동이 정권을 타도한다는 데 절대적인 위치에 있다고 표현한 글귀를 찾아볼 수도 없다.

또한 검사는 피고인 임중빈이가 위 논문에서 현 학생운동은 주체성과 비전 등이 결여되고 무기력하고 좌절감에 차 있다고 지적하고, 이러한 상태의 학생운동에 새로운 진로로서 제시하기를 '젊은이들이라면 기성권위와 가치에 대하여 마땅히 도전해야 한다.

맹종이란 자기소외의 지름길이다. 그러기에 젊은이들의 반항은 전 세계적인 현상, 특히 아나키즘의 현상으로 나타난다'고 하고 나서 1989년 프랑스 파리에서의 드골 정권 타도에 봉기하였던 극좌파 학생운동인 5월혁명과 북괴수괴 김일성의 사상적 노선과 방법론 등을 교조로 삼아 미국정부 타도에 앞장서고 있는 미국의 극좌파인 뉴 레프트의 활동에 대한 타당성 등을 들어 한국 학생운동의 정권타도를 위한 방법으로서는 학생과 노동자의 통일전선 실현이 필요하며 이러한 공동투쟁은 한국과 같이 자본주의 사회가 확립되지 못한 개발도상국가에서는 아나키즘이나 붉은 혁명으로 정권을 타도할 수 있는 가능성이 쉽게 이루어질 수 있다는 것을 역설적으로 암시하고, 나아가 뉴 레프트의 이념 등에는 일부 모순점이 있다 할지라도 그들의 현체제를 비판하고 부인하는 저항적 행동력은 정치혁명에 선행되는 문화혁명에 기여할 수 있는 것으로서 한국학생의 정권타도 운동에도 하나의 방법이 될 수 있다고 적시하였다고 주장하나, 동 피고인은 당 공정에서 선진외국의 학생운동이 과거 우리의 학생운동과는 달리 체계나 방향도 없이 이념의 혼돈상태에서 무질서하고 분별없이 덮어놓고 철두철미한 자유만을 추구하는 히피나 비트 등 아나키즘의 현상으로 흐르고 있어서 건전한 문화창조에 보탬이 되지 않으니 이를 받아들여서는 안 된다고 부정하면서, 그 평가자료로서 송건호 씨가 쓴 《기러기》 4월호에 실린 '선진국의 학생운동'이란 제목의 논문 가운데 적시된 프랑스의 5월혁명과 미국의 뉴 레프트 활동상황을 인용, 제시한 데 지나지 아니하고 추호도 그들의 활동상황이나 이념을 찬양하거나 동조할 의도는 아니었으며, 다만 문화란 원래 부정적인 생성을 통해서 보편적인 토대를 마련할 수 있다는 생각 아래 뉴 레프트에 대하여 정치적, 사상적 요소를 배제한 문화양식으로서 극히 회의적이나마 어떤 가능성을 바쳤는 데 불과하다고 변소하고 있는 진술내용과 증인 송건호가 당 공정에서 그 내용에 있어 대동소이하다고 스스로 시인한 그가 쓴 《기러기》 4월호 '선진국의 학생운동'이란 제목의 논문 가운데 '뉴 레프트' 학생운동은 사상적 원천으로서 마르크스, 프로이드, 허버트 마르쿠제 등 각각 사상이 틀린 각 계보로부터 이것저것 따다가 혼합하였기 때문에 뚜렷한 체계도 없고 이념이 혼돈되고 논리에 모순도 있으나 기성의 온갖 가치와 권위에 도전하고 나선 점에서는 역사적으로 볼 때 무엇인가 커다란 가능성을 내포하고 있다고 보는 것이 서구 여러 사상가들의 공통된 견해인 듯하다고 설시하고 있는 점 등을 종합하여 보면, 동 피고인이 뉴 레프트나 5월혁명의 타당성 등을 들어 찬양한 것이 아니라 그들의 부정적인 반항생리는 증인 남재희가 당 공정에서 한 진술대로 문화적 영역에서 발전을 위한 전단계로 일정한 여과과정을 통하여 비판적으로 받아들여질 소지는 있는 것이 아닌가 하고 소박한 의미로 표현한 데 불과하다고 이해되고 프랑스 5월혁명에 관한 설시부분 역시 그 문장 자체에서 이해되는 바와 같이 단순히 당시의 프랑스 사회와 정치적 풍랑 속에서 학생운동이 미친 영향력을 설명한 데 지나지 아니하고 검사 공소장 기재내용과 같이 한국학생의 정권타도를 위한 방법으로는 학생과 노동자의 통일전선 실현이 필요하며 이러한 공동투쟁은 우리의 현실에 비추어 아나키즘이나 붉은 혁명으로서 정권을 타도할 수 있는 가능성이 쉽게 이루어질 수 있다고 역설적으로 암시한 것이라고는 내다보이지 않을 뿐만 아니라 젊은이들이라면 기존의 가치와 권위에 대하여 무조건 맹종할 것이 아니라 이를 비판적으로 받아들임으로써 보다 내일의 건전한 발전을 위한 계기를 마련해야 함이 당위이고 보면 이러한 현상은 세계적으로 나타난 일반적 관례라 보아 마땅할 것이다. 피고인 임중빈은 분명히 그가 쓴 논문 가운데에서 5월혁명 중 무정부주의의 탈을 쓴 폭력의 계절풍 속에서 붉은 혁명을 요구한 것은 무모한 투쟁의 일면이었고(동 잡지 63쪽 참조) 철저하게 방황하고 끝없이 자유를 갈구하는 점에서 콩방디(5월혁명의 학생주도자)와 루디 듀츠게(유럽 학생운동계의 총아)는 큰 상이점이 없는바 그들을 유물론자라기보다 무정부주의자이며 격렬한 행동파에 지나지 않는다. 도대체 인간이 다른 인간을 지배하지 않는 사회의 도래는 가능한가.

실제로는 불가능한 그들의 행동은 인간의 참된 자유와 해방을 약속할 리는 없다. 미국의 뉴 레프트라는 것도 마찬가지이다. 이렇다 할 체계도 없고 뚜렷한 방향도 서 있지 않다.

이념이 카오스 상태에서 온갖 모순을 무릅쓰고 기성의 권위와 가치에 도전하고 있다.(동 잡지 65쪽 참조) 이러한 기성체제에 전적으로 도전하는 풍속적 현상이 반드시 바람직한 일일 수는 없다. 청년문화를 통한 그들의 문화적 행동이 사회변혁이나 정치변혁에 미칠 수 없음이 명백하다.

사실 고도성장에 대한 혐오 내지는 발작에 가까운 인간괴물들의 전시장인 아메리카의 문화혁명이 단순한 광기의 발산에 지나지 못한다는 사실을 우리는 내다본다.(동 잡지 65쪽 참조)

반역사적인 사고의 잔재를 깨끗이 쓸어내기 위하여 은연중 대두되는 아나키즘을 경계하지 않으면 안 된다(동 잡지 67쪽 참조)고 설시함으로써, 스스로 5월혁명과 뉴 레프트 등 서구 학생운동을 비판적으로 부정하고 있음에 비추어 보면, 그들이 국외 공산계열이냐 아니냐를 따져볼 필요도 없이 그들의 활동이나 주의 사상을 찬양 고무하거나 동조한 것이라고는 보이지 아니한다.

비록 동 피고인이 과거 사회주의 교양서적을 많이 탐독하여 사회주의 이념을 포지한 끝에 사회주의 사회 건설을 망상한 나머지 통일혁명당 사건에 빠져들어 국가보안법위반죄 등으로 처벌받았던 전과가 있고 이 사건에 관련하여 검사 앞에서 수사를 받을 때에 그 스스로 "독자에 따라서 5월혁명이나 뉴 레프트의 활동을 높이 평가할 수 있는 소지가 담긴 글을 쓴 데 대하여 책임감을 느끼고 잘못됐다고 생각한다"고 진술하였다 하여 앞서 본 바와 같은 내용의 논문이 곧 국외 공산계열이나 반국가 단체의 활동을 찬양, 고무하였거나 동조한 것으로 풀이될 수는 없다 할 것이다.

결론적으로, 위 논문을 통틀어 살펴볼 때 다소 현 정부에 대하여 비판적이고 도전적인 대목이 없지 않는 바는 아니나 헌법상 보장된 '언론의 자유'의 테두리 안에서 전근대적인 낡은 요소를 완전청산하고 민족복지 사회의 이념을 확립하는 방향으로 학생운동의 진로를 개척해나가자(동 잡지 69쪽 참조)고 주장한 데 지나지 않는 것으로서 반공법 제4조 제1항에는 저촉되지 아니한다고 보아 마땅할 것이다.

그렇다면 피고인 임중빈이 쓴 문제의 논문이 유죄임을 전제로 하는 피고인 윤형두, 같은 윤재식 등 역시 그 논문을 게재하는 데 사전에 검토, 교료하였느냐의 점에 관하여 따져볼 필요도 없이 또한 죄 되지 아니한다 할 것이다. 그러므로 피고인들 전부에 대하여 형사소송법 제325조 전단의 정한 바에 따라, 같이 무죄를 선고한다.

1971. 7. 16.

판사 목요상

목요상

호는 법운法雩
1935년 경기도 양주 출생.
서울대학교 법과대학 졸.
사법고시 제13회 합격.
서울지방검찰청, 서울고등법원 등에서 판사직 역임.
1971년《다리》지 필화사건에서 무죄를 판결하였다. 이것이 박정희 정권의 눈 밖에 나서 10월 유신 선포 후 판사 재임용에서 탈락, 이에 변호사로 전신.
1988~2000년 대한민국 국회 법제사법위원장 역임.
2000년 '새천년 밝은 정치인상' 수상
1986년 이후로 제11대, 12대, 15대, 16대 국회의원 역임.
2012~2015년 대한민국헌정회 회장 역임.

한국의 종합의견지 《다리》지 연구

2016년 11월 25일 초판 1쇄 발행

지은이   김정숙
펴낸이   윤형두
펴낸곳   범우사

출판등록   1966. 8. 3. 제 406-2003-000048호
(10881) 경기도 파주시 광인사길 9-13
전화 031-955-6900~4   FAX 031-955-6905

ISBN 978-89-08-12427-1 03000

＊잘못된 책은 바꾸어 드립니다.
＊책값은 뒤표지에 있습니다.